Serie Bianca Feltrinelli

PIF
MARCO LILLO
IO POSSO
DUE DONNE SOLE CONTRO LA MAFIA

© Giangiacomo Feltrinelli Editore Milano
Prima edizione in "Serie Bianca" maggio 2021
Seconda edizione maggio 2021

I diritti d'autore di questo libro sono devoluti interamente a Savina
e Maria Rosa Pilliu, protagoniste di questa storia, e ad altre iniziative
antimafia.

Gli autori desiderano ringraziare Beppe Caschetto, che ha rinunciato al suo
compenso da agente.

Stampa Grafica Veneta S.p.A. di Trebaseleghe - PD

ISBN 978-88-07-17395-0

www.feltrinellieditore.it
Libri in uscita, interviste, reading,
commenti e percorsi di lettura.
Aggiornamenti quotidiani

razzismobruttastoria.net

Introduzione

Immaginate di tornare un giorno a casa vostra e di trovare un costruttore legato alla mafia lì davanti. Immaginate che vi dica che quella non è casa vostra, ma sua. E che, qualche anno dopo, ve la danneggi gravemente per costruirci accanto un palazzo più grande. E immaginate di dover aspettare trent'anni prima che un tribunale italiano vi dia ragione.

Immaginate che, dopo tutto questo tempo, vi riconoscano un compenso per i danni, che nella realtà nessuno vi pagherà mai dato che il costruttore che vi ha arrecato il danno nel frattempo è stato condannato perché legato alla mafia e lo Stato gli ha sequestrato tutto. Inoltre la società del costruttore si è fatta pure pignorare il palazzo abusivo dalla banca, che a sua volta ha ceduto tutto a una società finanziaria. E ancora, di quella somma, che non riceverete mai, l'Agenzia delle entrate vi chiede il 3 per cento.

Immaginate, infine, che bussando a un comitato che gestisce un fondo per aiutare le vittime di mafia vi sentiate dire: "Mi spiace, ma per noi voi non siete vittime di mafia".

Se vi capitasse tutto questo, come vi sentireste? Questo è quello che, più o meno, è successo a Maria Rosa e Savina Pilliu, e alla loro madre. E diciamo "più o meno", perché in trent'anni, in realtà, è successo questo e molto altro.

Siamo a Palermo e l'appartamento dove vivevano le sorelle Pilliu si trova in una piccola palazzina in piazza Leoni, all'ingresso del parco della Favorita. Accanto c'è un'altra palazzina, che appartiene anch'essa alla famiglia della mamma delle due sorelle.

Pochi metri più indietro, a sovrastare tutti, oggi svetta un moderno palazzo di nove piani tirato su da un imprenditore, poi condannato per concorso esterno in associazione mafiosa, che negli anni ottanta decide di comprare tutte le palazzine della zona e creare lo spazio che gli serve per poter costruire il suo bell'edificio abusivo.

Ma c'è un problema: le uniche due persone con cui non riesce a trovare un accordo sono proprio Maria Rosa e Savina Pilliu. Le due sorelle non ritengono accettabili le proposte ricevute. E così un bel giorno, stanco di aspettare, il costruttore pensa bene di andare da un notaio, dichiararsi proprietario di tutta quella zona – comprese le due palazzine di piazza Leoni – e, corrompendo le persone giuste, aprire il cantiere e cominciare a costruire.

Solo dopo trent'anni lo Stato darà ragione alle denunce delle sorelle Pilliu. Nel corso di questo lunghissimo periodo, intorno al palazzo abusivo si aggireranno vari personaggi: mafiosi eccellenti, figli di mafiosi eccellenti, assessori corrotti, killer di mafia latitanti, avvocati illustri diventati poi importanti politici, istituzioni pavide, vittime di lupare bianche, anonimi intimidatori e banchieri generosi.

E poi ci mettiamo anche noi due: Pierfrancesco Diliberto, detto Pif, e Marco Lillo che, venuti a conoscenza delle vicende delle sorelle Pilliu, abbiamo deciso di scrivere questo libro, un capitolo a testa.

La nostra intenzione è quella di cambiare il finale di questa triste storia con il vostro aiuto. Ma prima di spiegarvi in che modo, è bene raccontarvi come è nata questa storia. La storia delle due casette di piazza Leoni, che hanno resistito alla mafia, ma (forse) non allo Stato.

1.
Il palazzo e la ciambella

Per anni da ragazzino, e poi da ragazzo, sono andato con i miei amici al mare a Mondello, la spiaggia dei palermitani. Nonostante sia a tutti gli effetti un quartiere della città, i palermitani lo hanno sempre considerato un paese a sé. "Andiamo a Mondello?" E poi: "Torniamo a Palermo?". In realtà in mezzo c'è solo l'enorme parco della Favorita. Chi ha la villa lì, verso giugno, fa dei veri e propri traslochi, come se emigrasse in un'altra città.

Siccome nessuno di noi aveva il classico motorino adolescenziale, il cinquantino, ci spostavamo con il "6", l'autobus che, tagliando proprio il parco della Favorita, in una decina di minuti ci portava in spiaggia. Il problema per me non si poneva tanto all'andata, quanto al ritorno. Dovevo affrontare due ostacoli. Il primo: con la stanchezza accumulata nella mattinata a giocare a pallone sotto il sole, dovevo ritrovare le forze per raggiungere la fermata dell'autobus, aspettare che arrivasse e poi, una volta sceso alla fermata "Palermo", percorrere quel chilometro fino a casa e, finalmente, pranzare. Il tutto con il caldo estivo palermitano delle 13. Il secondo ostacolo: tra la spiaggia e la fermata dell'autobus si passava davanti al bar Scimone, dove i miei amici regolarmente facevano sosta per prendersi una ciambella e mangiarsela lungo la strada. Solo un adolescente può mangiare una ciambella enorme poco prima di pranzo. Nonostante adolescente lo fossi anche io, avevo comunque ben chiara l'assurdità del gesto. Il fatto è che, davanti alla ciambella di Scimone, dorata, non unta, ricoperta di zucchero, e mangiata con la passione che ci mettevano i miei amici, pure io cedevo quotidianamente. Questo voleva dire che, tra tutte le cose che avrei voluto fare, una volta seduto a tavola, l'ultima era proprio pranzare.

Il senso di colpa di solito dava segni di sé nei pressi del parco della Favorita. E così, troppo concentrato sul crimine appena commesso, non ho mai avuto il tempo di accorgermi che, proprio lì, all'entrata del parco, stava spuntando dal nulla un palazzo di nove piani. Sarà stata la digestione, che iniziava quando l'autobus passava davanti a quell'edificio, o semplicemente perché nella vita di un ragazzino le priorità sono altre, sta di fatto che per anni non mi sono mai interessato a quel palazzo, né alle polemiche che nascevano e crescevano insieme a lui, né tantomeno a quelle due casette basse lì davanti, ormai diroccate, che resistevano. Del resto, finita l'estate, la mia vita la passavo in una delle scuole più "fighette", frequentata dai figli della "Palermo bene", i cui padri spesso erano amministratori della città, di quelli coinvolti nelle vicende di questo palazzo. E riuscire a guardare al di là di quel mondo non era naturale.

Un sospetto cominciai ad averlo quando, dopo l'esame di maturità, chiesi a un mio compagno di scuola – guarda caso figlio di uno degli amministratori della città coinvolti nella storia illegale di quel palazzo – a quale facoltà si fosse iscritto. La risposta fu: "A Giurisprudenza e Medicina". E quando sorpreso gli feci notare che non era possibile iscriversi a due facoltà contemporaneamente, lui mi guardò e disse: "Io posso". L'"Io posso" è una sorta di mantra a Palermo. Molti lo pensano. Non importa cosa dice la regola, perché tanto "Io posso". Le due casette diroccate della Favorita hanno scardinato questo ragionamento e, rimanendo in piedi seppur malandate, è come se avessero gridato: "No, tu non puoi!". Se dire "Io posso" è considerato un'usanza in città, è un po' meno usanza, quasi un'eresia, voler dire: "No, tu non puoi!".

Questo atteggiamento è insolito a Palermo. Soprattutto non è consigliato, perché non aiuta ad avere una vita serena. Ogni tanto, però, l'eccezione c'è. C'è chi, infatti, si ribella a questo mantra e non si ferma quando si scontra con i cattivi e nemmeno quando gli si mettono contro perfino i buoni (che, come in ogni storia che si rispetti, dovrebbero essere dalla parte dell'eroe protagonista, essendo i buoni). Ma facciamo un passo per volta.

Nel 2007, dopo circa sette anni di onorato servizio a *Le Iene*, comincio a fare un mio programma su Mtv: *Il Testimone*. Con l'esperienza accumulata prima come autore e poi come Iena, sviluppo un'idea che mi ronzava nel cervello già da un po', cioè quella di andare in giro per il mondo a fare interviste, senza una troupe al seguito, ma solo con la mia telecamera. Pensavo che l'intervistato di turno, trovandosi davanti solo il sottoscritto armato di attrezzature amatoriali e poco invasive, dopo qualche minuto si sarebbe rilassato e comportato quasi come se la telecamera non ci fosse.

Come prima puntata – quella che in gergo si chiama "zero" perché da lì l'emittente capisce se andare avanti a produrre il programma o fermarsi – propongo di raccontare l'incredibile storia dei ragazzi di Addiopizzo di Palermo. Perché è semplicemente incredibile che un gruppo di ragazzi sia riuscito a creare un'associazione antiracket dal nulla, sfidando e spesso battendo la mafia.

Tutto nasce nel 2004, quando a Ugo, Raffaele, Francesco, Daniele, Vittorio, Laura e Andrea viene l'idea di aprire una sorta di pub/centro culturale, nella Palermo vecchia. Per capire quali spese dovranno sostenere ogni mese, un loro consulente stila una lista: luce, gas, acqua, tasse e pizzo. Alla parola "pizzo" tutti e sette fanno un balzo. "Pizzo? Dovremo pagare il pizzo?" All'improvviso la bella e spassosa città di Palermo, ideale per vivere da studente (affitti bassi, cibo buono ed economico, bel clima ecc.), diventa molto ostica: è il momento in cui si entra nel mondo degli adulti. È possibile, quindi, che qualcuno si presenti, utilizzando all'inizio anche modi garbati, e consigli di "mettersi a posto". Cosa fare a quel punto? Qualcuno propone di invitare all'inaugurazione il fidanzato carabiniere, in modo da scoraggiare un'eventuale richiesta. Ma come strategia forse è un po' debolina. Dopo lunghe riflessioni, i ragazzi decidono di fare un gesto che è perfino un po' infantile: tappezzare un quartiere di Palermo di adesivi con la scritta "Un intero popolo che paga il pizzo è un popolo senza dignità!". La frase che a Vittorio è venuta in mente una notte. Se davvero noi non siamo nessuno, non abbiamo la possibilità di farci sentire, non ci rimane che l'attacchinaggio notturno. L'idea era di proseguire in altri quartieri nelle notti successive, ma il progetto non andrà mai in porto a causa di quello che i ragazzi scoprono la mattina seguente, accendendo la tv. Il comitato dell'ordine e sicurezza di Palermo (vale a dire questore, prefetto, comandante della finanza e dei carabinieri) si era riunito per discutere di un problema di pubblica sicurezza: la comparsa in alcuni quartieri di adesivi che parlano di pizzo. Una semplice verità aveva messo in crisi la città. Visto che i commercianti non avrebbero mai osato parlare di pizzo così pubblicamente, e men che meno la mafia, chi poteva aver osato tanto? Nessuno pensò a dei ragazzi che non riuscivano ad accettare quello che si era sempre accettato.

Qualche giorno dopo ha luogo un incontro fra le istituzioni e questo impaurito gruppo di intraprendenti provocatori. E così viene l'idea di creare un'associazione antiracket che aiuti chi non ha il coraggio di denunciare perché magari si sente solo. Nasce Addiopizzo, la più significativa associazione antiracket di Palermo, che dal giorno della sua fondazione ha visto costantemente aumentare i propri iscritti.

Con il passare del tempo la ricetta si rivela incredibilmente azzeccata. Lo conferma l'intercettazione di un mafioso che, qualche anno dopo la nascita dell'associazione, avverte al telefono un altro mafioso di non andare a chiedere il pizzo in quel determinato negozio perché aderisce ad Addiopizzo.

Tutta questa storia la vengo a sapere da mia madre, molto tempo dopo la famosa notte dell'attacchinaggio, perché una sua collega è la madre di Ugo, uno dei fondatori di Addiopizzo. Così mi viene in mente di fare un servizio per *Le Iene*.

E l'occasione arriva con l'arresto di Bernardo Provenzano, l'11 aprile 2006. I poliziotti, per la prima volta, notano un fatto strano. Solitamente, quando si diffondeva la notizia dell'arresto di un mafioso, davanti alla questura si presentavano i parenti e gli amici dell'arrestato per insultare i poliziotti. Con l'arresto di Provenzano, in quel momento il capo della mafia siciliana, davanti alla questura si è radunata una folla che ha cominciato a insultare il boss mafioso, con frasi inequivocabili tipo: "Pezzo di merda!".

Ho sempre pensato che lo stesso Provenzano sia rimasto molto colpito per come fosse cambiata l'aria a Palermo. O, almeno, questo esprime il suo sguardo mentre viene caricato in auto. Tra la folla intravedo, ripresi dal Tg2, i ragazzi di Addiopizzo che indossano la maglietta con la famosa frase: "Un intero popolo che paga il pizzo è un popolo senza dignità!".

Qualche giorno dopo scendo a Palermo per fare il servizio e conosco personalmente tutti i ragazzi. L'impressione che mi fanno è tale che decido di riaffrontare l'argomento per il mio nuovo programma, *Il Testimone*. Stavolta, oltre a intervistare i ragazzi di Addiopizzo, voglio incontrare anche qualche commerciante che ha aderito all'associazione. E così, un pomeriggio entro in un negozio di prodotti sardi in via del Bersagliere, gestito dalle sorelle Maria Rosa e Savina Pilliu.

Dietro il bancone c'è l'anziana madre. A rilasciare l'intervista è Savina: "Non sarei mai disposta a dividere quello che io guadagno con altri!". Che nel 2007 dei commercianti si esponessero pubblicamente contro il pizzo non era così scontato. Da allora con le sorelle Pilliu abbiamo continuato a sentirci e, ogni volta che sono sceso a Palermo, sono passato a trovarle. L'argomento principale delle nostre conversazioni ruotava inevitabilmente intorno alla storia del palazzo e delle due casette diroccate. Nel frattempo la loro madre muore e nel 2015 a Maria Rosa diagnosticano l'Alzheimer.

A combattere è rimasta Savina.

Fin da subito mi sono riproposto di raccontare la loro storia in una puntata del *Testimone* ma, nonostante mi considerino un amico, le due sorelle non si sono mai sentite a loro agio davanti alla telecamera. Savina ha accettato di rilasciarmi quella dichiarazione giusto perché era una frase in mezzo a quelle di altri commercianti. Ho notato, però, che mostravano una certa tranquillità con la carta stampata. Infatti mi parlavano continuamente dell'articolo che raccontava la loro storia, scritto da Marco Lillo qualche anno prima per "L'Espresso". Per questo ho capito che la strategia migliore era prendere il cellulare e chiamare Marco.

2.
La telefonata e le sorelle Pilliu

Nell'ottobre del 2009, quando squilla il cellulare e vedo il nome di Pif sullo schermo, sto attraversando uno dei momenti più belli ma anche più incasinati della mia vita: da pochissime settimane è iniziata l'avventura del "Fatto Quotidiano".

Quando squilla il cellulare, insomma, a tutto penso meno che a un articolo scritto sette anni prima su due donne palermitane che hanno sfidato la mafia. "Ciao Marco, sono Pif. Sono qui con Savina e Maria Rosa Pilliu, ti ricordi di loro?" Quella telefonata mi ha fatto provare il tipico senso di colpa del giornalista d'inchiesta, quello che io definisco "il complesso del ladro di vite altrui".

Provo a spiegarmi. La prima volta che ho parlato con Maria Rosa e Savina Pilliu è stata quando ho scritto il primo articolo su Renato Schifani. Eravamo tutti più giovani. Schifani era stato da poco promosso portavoce del verbo berlusconiano nel pastone dei telegiornali ed era famoso per il riporto con cui cercava di nascondere la pelata impietosa.

Io, che al liceo ero soprannominato "Bob Marley"

– non per le canne ma per i capelli – e che ora vengo scambiato per Alessandro Haber – attore bravissimo ma più vecchio di me di vent'anni –, guardavo a Schifani con un misto di comprensione e tenerezza. Correva l'estate del 2002, Berlusconi era da poco tornato al governo dopo una vittoria schiacciante nel 2001 e il direttore dell'"Espresso" Giulio Anselmi pretendeva un ritrattone caustico di Schifani. L'allora sconosciuto capogruppo al Senato di Forza Italia aveva attirato la sua attenzione per la grinta da rottweiler con cui difendeva il suo leader.

Per trovare qualcosa da raccontare su un personaggio così insipido, diedi un'occhiata in archivio scovando gli articoli della cronaca locale di Palermo di "Repubblica" sul palazzo vicino al parco della Favorita. La storia era in fondo semplice: da una parte c'era Pietro Lo Sicco, un costruttore prepotente che aveva tirato su un palazzo abusivo violando i diritti di Maria Rosa e Savina Pilliu. Dall'altra, c'erano queste due sorelle inermi che avevano sfidato il costruttore, legato ai boss e poi condannato per mafia. Nella contesa l'avvocato Schifani si era schierato (lecitamente) dalla parte del più forte: era l'avvocato del costruttore, allora incensurato.

L'articolo, firmato insieme a un maestro come Franco Giustolisi, fu apprezzato dal direttore. Non dal capogruppo di Forza Italia. Effettivamente conteneva molti passaggi urticanti, a partire dal titolo: *Vita da Schifani*. Quel pezzo, come spesso mi succede, portò fortuna al soggetto della mia inchiesta. Dopo un provvido cambio di taglio, lo sconosciuto senatore diventò, purtroppo per me, presidente del Senato e mi fece causa.

Dico purtroppo perché, nelle cause per diffamazione, maggiore è la fama, maggiore è il risarcimento. Ergo, la seconda carica dello Stato – in caso di condanna – può fare davvero molto male (tanto che, nella seconda causa del presidente Schifani nel 2010, il risarcimento richiesto ammontava all'intero capitale sociale del "Fatto": 720 mila euro). Alla fine il giudice di Roma mi diede ragione ma quella causa, lunga e difficile, mi tolse ben più di qualche ora di sonno.

La telefonata di Pif mi riporta indietro di sette anni. A un'altra vita in un altro giornale che mi ero lasciato alle spalle, pensavo per sempre. Questo è il lato B del nostro mestiere. Per un po' condividiamo le sensazioni delle vittime innocenti che ci mettono in mano la loro esistenza. Creiamo empatia per stare sulla stessa barca e raccontare il viaggio in soggettiva. Per un istante siamo parte dello stesso dolore, ma poi l'inganno svanisce e riprendiamo la nostra vita come se nulla fosse. E di quel tratto fatto insieme resta solo un articolo. Non c'è altro modo per fare questo mestiere.

Pochi giorni dopo l'uscita del pezzo su Schifani, la terra trema forte in Molise: sui bambini e sulle loro maestre crolla il tetto della scuola e io mi trovo subito immerso nel buio della notte di San Giuliano, in mezzo alle mamme che aspettano di conoscere il destino dei propri figli. Li avevano lasciati a scuola come avevo fatto io con mia figlia quella stessa mattina.

I genitori mi raccontano i loro pensieri. Mi fanno entrare nella palestra piena di bare bianche. Li vedo accarezzare i volti sporchi di calce dei bambini che sembrano addormentati. Prima di andar via, vado a salutarli. A tutti lascio il mio numero di telefono, ma so che non mi chiameranno mai. E mi sento addosso quel maledetto senso di colpa. Ogni volta che riparti per seguire un'altra storia è come se tradissi chi ti ha dato fiducia fino a quel momento.

Anche con Maria Rosa e Savina Pilliu era andata così. Mi avevano raccontato la loro vita. Ne avevo fatto il pezzo forte del ritratto del futuro presidente del Senato Renato Schifani e poi le avevo dimenticate. La telefonata di Pif mi ricorda che la loro lotta contro la mafia e la burocrazia non è finita quando il mio articolo era andato in stampa. Anzi. È diventata ancora più difficile lontano dai riflettori. Ecco perché, quando Pif mi dice: "Ti ricordi le sorelle Pilliu? Sono qui con me e vorrebbero che ti occupassi della loro storia", rispondo senza esitazione: "Certo che me le ricordo. Cosa posso fare?".

Pochi giorni dopo sono a Palermo. Per la prima volta entro nel palazzo di piazza Leoni con Pif che mi fa da Virgilio. Maria Rosa e Savina Pilliu mi riservano un'accoglienza a metà tra l'ospite di riguardo e il figliol prodigo.

A un certo punto Savina, in mezzo alle centinaia di carte processuali accatastate in soggiorno, tira fuori una fotografia a colori e un sorriso per lei raro: è un settimanale olandese, che ha dedicato un lungo servizio alla ribellione di Addiopizzo contro il racket. La foto ritrae lei con in mano il servizio dell'"Espresso": il mio servizio. Io l'avevo dimenticato, mentre loro lo sventolavano ai colleghi olandesi come la prova che la loro storia, la loro ribellione, aveva un valore.

Da quel giorno il rapporto tra me, Pif e le Pilliu non si è più interrotto. Con lunghe pause è andato avanti per quindici anni seguendo questo schema triangolare: Pif, che è palermitano e più comprensivo e gentile di me, passa ore a parlare con le sorelle. Per Savina e Maria Rosa è come se fosse il fratello minore che non hanno mai avuto. Gli telefonano per spiegargli tutti i soprusi e i processi che hanno subìto, i tanti rovesci e le piccole vittorie. Pif le ascolta e poi mi chiama perché sa che un articolo di giornale può smuovere le cose e mettere in moto la politica e l'opinione pubblica.

Che è poi quello che vogliamo fare con questo libro, grazie a Pif, a Feltrinelli, ma soprattutto grazie a te che lo hai comprato e lo stai leggendo.

3.
La famiglia Pilliu

Con Marco capiamo che i nostri tentativi di far conoscere la storia delle sorelle Pilliu e delle loro palazzine suscitano una reazione da parte delle istituzioni, che però dura solo pochi mesi e poi, piano piano, si spegne del tutto. Per questo decidiamo di fare un libro a quattro mani. Ci dividiamo i compiti su chi deve scrivere cosa e ci mettiamo al lavoro.

Così, poco prima di Natale del 2020 mi collego via Skype con Savina, che si trova in negozio, per farmi raccontare di nuovo la storia dall'inizio. Ho bisogno di conoscerla a fondo, nei minimi dettagli, perché magari qualcosa mi è sfuggito in questi anni. Il racconto ci prende l'intero pomeriggio, perché Savina viene interrotta dai clienti che ogni tanto entrano per gli acquisti natalizi. Poco prima di collegarmi piazzo mia figlia di quattro mesi accanto a me, seduta nel seggiolino. Nella speranza che si distragga le allungo i suoi giocattoli. E sarà stata la sensibilità di un neopapà, ma sta di fatto che faccio una riflessione iniziale che non avevo mai fatto e che troverà conferma fin dai primi racconti di Savina: io e la mia compagna abbiamo cercato da subito delle icone femminili perché fossero dei punti di riferimento per nostra figlia, guardandoci in giro per il mondo. E pensando alla foto di Frida Kahlo che le abbiamo già appeso in stanza, mi rendo conto che davanti a me, collegata via Skype, ne ho una che ne rappresenta tre: lei stessa, la sorella e la mamma. Nel corso della videochiamata percepisco che questa di Savina Pilliu non è solo una storia di mafia. Dalle cose che mi racconta, infatti, è chiaro che, ogni volta che con Maria Rosa e la madre hanno bussato alla porta di qualcuno per chiedere aiuto e giustizia, dall'altra parte c'è stato spesso un atteggiamento di sufficienza, anche tra i cosiddetti "buoni". Negli anni settanta, tre "femmine" senza alcuna parentela importante decidevano che nessuno poteva metter loro i piedi in testa. In una città difficile come la Palermo dell'epoca, era effettivamente un'eccezione. Magari non arriverò mai ad appendere il poster delle Pilliu nella stanza di mia figlia, potrei però appendere la frase del costruttore legato alla mafia Pietro Lo Sicco, colui che si è messo incautamente contro le tre donne Pilliu e che a un certo punto della storia ha detto: "Se avessi saputo che due femmine mi avrebbero fatto tutto questo danno...". Ma procediamo con ordine.

È il 1943 quando il sergente maggiore Giovanni Pilliu, di Lanusei in provincia di Nuoro, sbarca a Palermo con la nave *Sabaudia*. Due anni dopo conosce la signora Giovanna Aresu. Complice forse anche la "sardità" di entrambi, si fidanzano e nel '49 si sposano. Dopo il viaggio di nozze in Sardegna, la coppia si sarebbe dovuta fermare lì, ma la signora Giovanna litiga con i suoceri, quindi decidono di tornare a Palermo. Il 18 gennaio dell'anno seguente nasce Maria Rosa e cinque anni dopo, il 5 gennaio, quasi con le stesse tempistiche amorose, nasce Savina.

Tutti e quattro vivono in una delle due palazzine di pochi piani dei nonni materni, in piazza Leoni, all'ingresso del parco della Favorita. La strada più veloce per andare a Mondello. Le due palazzine le condividono con il resto della famiglia. Per vivere aprono due negozi di alimentari nella zona. Una normale vita di onesti commercianti.

Ma il 27 dicembre 1960 succede un fatto che guasterà la loro serenità: il padre Giovanni muore d'infarto. E la famiglia paterna deciderà di trasferire Savina a Lanusei, in provincia di Nuoro. Le due sorelle, per la prima e ultima volta, verranno separate. L'unica cosa che Savina ricorda di quel periodo è che le tagliavano i capelli dal barbiere e che frequentava la prima elementare in una scuola dove si utilizzavano ancora calamaio e pennino. Palermo in confronto era New York.

Dopo un anno, la nonna materna Savina va in Sardegna per riprendersi la nipotina omonima. Dallo scontro tra famiglie, con Savina (nipote) che viene nascosta dai parenti paterni pur di non farsela portare via, esce vittoriosa la nonna materna. Così le sorelle tornano a vivere insieme.

I due negozi di alimentari, per ragioni pratiche, diventano un unico negozio, gestito dalla mamma Giovanna.

Finita la scuola elementare, c'è un'altra battaglia da affrontare: la nonna Savina vuole che Maria Rosa interrompa gli studi per rimanere con lei a occuparsi della casa. Dopo lunghe discussioni mamma Giovanna riesce a dissuadere la madre e Maria Rosa non solo finisce la scuola media, ma si diplomerà e si laureerà in Scienze politiche.

Savina, invece, è sempre stata attratta dagli affari. Alle elementari rompeva le uova di Pasqua rimaste invendute per prendere le sorprese e rivenderle ai suoi compagni di scuola. (Inizialmente mi ha chiesto di non scriverlo, perché ancora un po' imbarazzata. Io l'ho rassicurata dicendole di essere abbastanza sicuro che ormai il fatto sia caduto in prescrizione. Anche se dalla giustizia italiana ci si può aspettare di tutto...)

Le due sorelle, nel frattempo, crescono con i quattro zii e con i soliti scontri generazionali, tipo la classica questione della minigonna. Savina è più ostinata nell'ottenere il risultato, Maria Rosa è sempre stata più docile. Solo a venticinque anni compiuti riescono ad andare per la prima volta in discoteca. La mamma, in estate, si propone di accompagnarle con la scusa di sorvegliare le loro borse. Non sarà il massimo della vita, ma fa sempre comodo. Quando andavo io in discoteca da ragazzo, mi sarebbe piaciuto avere qualcuno che mi tenesse d'occhio il giubbotto. Avevo addirittura pensato che sarebbe potuta diventare una figura professionale con sbocchi lavorativi interessanti.

Il '77 è l'anno di un altro piccolo dramma nella vita della famiglia Pilliu. Il nonno e lo zio affittano un appartamento delle casette a una prostituta. Savina inizialmente, nel raccontarmi questo fatto, mi parla di una donna che fa "quel mestiere". Dopo i miei vari: "Una donna che fa...? Non capisco, Savina. Che mestiere faceva 'sta donna?", le è uscita finalmente la parola "prostituta".

La cosa sconvolge mamma Giovanna al punto che decide di trasferirsi immediatamente in un altro appartamento della zona, lasciando lì tutti i loro mobili. Ritiene troppo scandaloso vivere nello stesso condominio in cui abita una prostituta.

La loro vita prosegue tra casa, studio e lavoro. Savina dopo la scuola fa le consegne a domicilio e in estate fa la sarta e segue un corso per diventare parrucchiera. Alla fine le due sorelle lavoreranno entrambe nel negozio di prodotti alimentari sardi di via del Bersagliere.

Nel 1979 comincia a palesarsi un evidente interesse, da parte dei costruttori palermitani, per l'acquisto del terreno su cui sorgono le due palazzine all'ingresso del parco della Favorita. E il mondo dei costruttori palermitani di quegli anni non è certo tra i più raccomandabili.

Un terreno edificabile in quella zona è un ambìto oggetto del desiderio, anche perché in quella parte della città la maggioranza degli spazi è già stata sfruttata per costruire nuovi, e spesso orrendi, palazzi moderni, abbattendo senza pensarci due volte bellissime palazzine stile Liberty.

Il primo della sfilza di potenziali acquirenti che si presenta al nonno delle due Pilliu è un signore molto noto in città: Rosario Spatola, un ex venditore ambulante diventato con il tempo un grosso costruttore edile e mafioso. Essendo già proprietario dei terreni limitrofi, è fortemente interessato a quello su cui sorgono le due palazzine e propone al nonno di Savina e Maria Rosa una permuta con altri immobili. Diversamente da quel che si potrebbe pensare, non ha modi bruschi, anzi vuole regalare al nonno un capretto per i suoi ottant'anni, cosa che non avverrà mai perché Rosario Spatola viene arrestato qualche giorno prima del compleanno.

A questo punto, dopo una serie di proposte di acquisto che non vanno in porto, entra in scena uno dei protagonisti principali di questa storia. Accade infatti che i terreni intorno alle palazzine di proprietà di Rosario Spatola vengano comprati dal costruttore Francesco Lo Iacono, il quale due anni dopo, nel 1985, li vende a un altro costruttore, Pietro Lo Sicco.

Per capire l'incredibile vicenda delle sorelle Pilliu è fondamentale mettere a fuoco chi sono stati nei decenni gli interlocutori della famiglia, gli avvoltoi interessati alle carcasse delle loro vecchie casette.

4.
C'era una volta Spatola

Ci sono nomi che, nel loro campo, hanno fatto la storia. Personaggi come Niki Lauda e Ayrton Senna nell'automobilismo; Indro Montanelli ed Enzo Biagi nel giornalismo. O ancora Armani e Valentino nel mondo della moda.

Ecco, nel campo dell'imprenditoria mafiosa c'è un nome che entra di diritto nella storia d'Italia: Rosario Spatola. Le sorelle Pilliu raccontano che è stato proprio questo imprenditore della borgata Uditore con casa a New York il primo a mettere gli occhi sul terreno dove sorgevano le loro palazzine.

Come abbiamo già detto, le due sorelle raccontano che nel 1979 il costruttore, allora quarantenne, per sedurre il nonno Umberto Aresu gli promise un capretto per il suo ottantesimo compleanno.

Spatola oggi ha passato l'ottantina anche lui e, stando alle ultime notizie, si gode la vecchiaia negli Stati Uniti, dopo aver fatto la spola tra Palermo e New York. In quei giorni del 1979 era al centro di molte vicende cruciali della storia della mafia italiana e americana. Rosario Spatola è stato il primo imputato eccellente del giudice più famoso d'Italia, che allora era alla sua prima indagine di mafia: Giovanni Falcone, ucciso nel 1992 dai Corleonesi di Riina.

Dieci anni prima, per ordinare il rinvio a giudizio del costruttore, Falcone scrive: "Spatola costituisce un tipico esempio della figura dell'"imprenditore mafioso' [...]. Agli inizi, le sue condizioni economiche non erano certamente floride". Nel 1952, all'età di quindici anni, faceva il carrettiere e "i Vigili urbani di Palermo lo avevano denunziato per vendita ambulante di latte in bidoni". Poi negli anni sessanta passa a costruire le condutture idriche di Palermo e negli anni settanta tira su palazzi su palazzi.

Nella sentenza che, nel 1982, lo manda a processo per associazione a delinquere, Falcone tratteggia con queste parole il campione dell'imprenditoria mafiosa: "Bisogna riconoscere che ha fatto, in breve tempo, passi da gigante [...]. A dimostrazione della imponenza dei mezzi finanziari a sua disposizione, basterà ricordare, fra i suoi acquisti più importanti, effettuati in un brevissimo arco di tempo, quello di un'area edificabile, sita in questa piazza Leoni". Falcone qui si sta riferendo proprio al suolo attiguo a quello della famiglia Aresu-Pilliu, quello sul quale poi Pietro Lo Sicco edificherà il palazzo di nove piani al centro di questo libro. Quando Rosario Spatola fa la sua proposta a nonno Aresu, ha soldi per comprare chiunque a Palermo.

Nella sentenza con cui lo rinvia a giudizio, il giudice Falcone ammette che Spatola non trafficava direttamente in droga, ma era il braccio imprenditoriale del gruppo Gambino-Inzerillo che quel traffico lo faceva, eccome. Falcone elenca, infatti, i sequestri di decine e decine di chili di droga agli uomini della cosca Gambino-Inzerillo tra la fine del 1979 e l'inizio del 1980. Spatola non si sporcava le mani con i pacchi di eroina nascosti nei bagagli. Lui era il costruttore che trasformava i proventi della polvere bianca in calce e mattoni.

Proprio per dare un'idea della "caratura" del personaggio, Giovanni Falcone ricorda l'acquisto "per il prezzo di 225 milioni" (di vecchie lire) del terreno sul quale, dieci anni dopo, Pietro Lo Sicco costruirà il palazzo di piazza Leoni.

Dopo aver sborsato tutti quei soldi per i 2100 mq tra via del Bersagliere e piazza Leoni, Spatola si mette l'abito delle feste e va a trattare con il proprietario del terreno vicino, il nonno delle Pilliu, appunto, perché vuole massimizzare la cubatura. Lo stesso ragionamento che farà Pietro Lo Sicco.

Quando cerca di convincere il nonno materno a cedergli le maledette particelle che rovineranno la vita alle sorelle, Spatola è l'uomo più ricco della Sicilia.

Nella classifica dei contribuenti pubblicata dal settimanale "Il Mondo" relativa al 1979, è sedicesimo tra i contribuenti di tutta Italia. Il costruttore palermitano dichiara 820 milioni di lire di reddito annuo, poco meno della metà del primo in classifica, Gianni Agnelli, con 1 miliardo e 661 milioni. Nel 1979, vale per il fisco il doppio della sorella dell'Avvocato, Susanna Agnelli, ferma a 417 milioni.

Quando entra nel negozio delle due sorelle, Spatola sembra un simpatico costruttore che nasconde la pelata sotto il parrucchino. In realtà, è un membro rispettato del clan transfamiliare e transoceanico composto da tre famiglie intrecciate: i Gambino, gli Inzerillo e gli Spatola, un gruppo ricchissimo con diramazioni e investimenti a Palermo e a "Nuova York".

Spatola è cugino di John e Rosario Gambino, nipoti di Charles Gambino, che secondo molti avrebbe ispirato Mario Puzo per il personaggio del *Padrino*. I Gambino sono la famiglia più ricca e potente della mafia della Grande Mela, imparentati con gli Spatola e gli Inzerillo, legati a loro volta a Stefano Bontate, allora membro di spicco della Cupola di Cosa Nostra.

Tra Sindona e piazza Leoni

Rosario Spatola viene arrestato nell'ottobre del 1979 e uscirà formalmente del tutto dalla vicenda del suolo di piazza Leoni nel 1983. Però è importante raccontare per bene la sua storia per capire lo scenario minato nel quale si muovevano le due giovani sorelle Pilliu. Nell'anno in cui Spatola tratta con il nonno Umberto Aresu per comprare il loro terreno, il costruttore ospita in una villa a Piano dell'Occhio, vicino a Torretta, Michele Sindona, banchiere internazionale legato alla mafia, ma anche alla Dc, alla P2 e al Vaticano, protagonista del crac della Banca privata italiana e della Franklin National Bank, ventesima banca statunitense, quindi in quei giorni protagonista assoluto delle cronache da Roma a New York. Come è finito Sindona nella villa di Torretta, ospite di Spatola?

Nell'estate del 1979, subito dopo il crac della sua banca americana, Sindona scompare da New York e si nasconde a Palermo aiutato dai suoi amici. Simula un rapimento da parte di un gruppo terroristico comunista che scrive lettere minacciando i politici italiani di svelare la lista dei cinquecento vip e politici che hanno esportato i loro soldi, violando le leggi valutarie dell'epoca, mediante la banca di Sindona.

Il giochino salta quando, il 9 ottobre 1979, Vincenzo Spatola, fratello di Rosario Spatola, viene arrestato a Roma mentre recapita una delle lettere minatorie scritte da Sindona ma attribuite falsamente ai sequestratori terroristi. Appena venti giorni prima, il 19 settembre 1979, è stato proprio Vincenzo Spatola a firmare una procura per vendere, per conto dei proprietari, il terreno di piazza Leoni limitrofo a quello delle Pilliu.

Ecco perché in quei giorni il fratello Rosario va a trattare con il nonno delle Pilliu l'acquisto del suolo con sopra le due casette. Di fatto, è già lui il vero proprietario del terreno vicino. Dieci giorni dopo il fratello Vincenzo, il 19 ottobre anche Rosario viene arrestato per la vicenda Sindona e così non può concludere l'acquisto del suolo nel giorno dell'ottantesimo compleanno del nonno delle Pilliu. Quel giorno di dicembre del 1979 è in cella.

Il processo a Rosario Spatola e soci cambierà la storia dell'antimafia e la vita di Giovanni Falcone.

Tutti i giornali italiani e anche il "New York Times" danno notizia dell'arresto di Spatola. Quando, nel 1982, inizia il processo "Spatola Rosario più 119", al palazzo di giustizia di Palermo i giornalisti chiedono a Falcone: "Sono cose come quelle viste nel film *Il padrino*?". Falcone con l'aria seria risponde: "Quelle del *Padrino* al confronto sono cose da ragazzi".

Nella sentenza che ordina il rinvio a giudizio di Spatola – poi condannato a tredici anni, ridotti a dieci in Appello – Falcone descrive una storia interessante perché presenta parecchie analogie con quella delle Pilliu.

Il gestore di un cinema rilasciò questa dichiarazione a Falcone: "Conosco Rosario Spatola perché si presentò nel cinema arena Montegrappa e mi disse che aveva acquistato i due lotti di terreno esistenti nella via Montegrappa, su uno dei quali era stata costruita l'arena stessa, e mi chiese pertanto di lasciare l'arena, che mi era stata concessa in subaffitto. [...] Dissi allo Spatola che, per andarmene, desideravo una congrua buonuscita, ma non riuscimmo a metterci d'accordo sul quantum".

La vicenda del cinema si concluse così: "La sera dell'8 settembre 1978," raccontò il gestore agli inquirenti, "appresi che lo schermo dell'arena era crollato a seguito dei lavori di sbancamento che lo Spatola stava effettuando a ridosso dell'arena stessa e, pertanto, presentai contro lo Spatola denuncia al primo distretto di polizia".

Esattamente come accadrà alle sorelle Pilliu tanti anni dopo, quando si ritroveranno le ruspe di Pietro Lo Sicco che demoliscono le case a destra e a sinistra delle loro, rendendole pericolanti. Il gestore del cinema però – a differenza delle Pilliu – preferì il compromesso con il più forte: "A seguito di tale denunzia lo Spatola, a titolo di indennizzo, mi consegnò un assegno di 3 milioni e mezzo". E chiusa lì.

C'è un altro aspetto interessante di questa storia che sarà una costante nelle vicissitudini delle sorelle Pilliu. L'establishment non era schierato contro il costruttore che puntava alle loro proprietà. Come accadrà in seguito per altri costruttori, fino al suo arresto Rosario Spatola era un personaggio stimato dalla Palermo bene. Quando si fa avanti con il nonno delle Pilliu, Spatola è un ricco imprenditore senza alcuna pendenza penale che vanta rapporti ai massimi livelli con la politica. Alle elezioni politiche del giugno del 1979, secondo la ricostruzione del giudice Falcone, Spatola organizzò a Palermo un brindisi elettorale alla presenza del ministro della Difesa Attilio Ruffini (che disse di non ricordarlo) chiedendo ai suoi operai di votare per lui. Questo era il livello dell'"uomo del capretto".

Gianni Lapis e il mutuo sulle carte farlocche

Torniamo a piazza Leoni. Che cosa succede dopo l'arresto di Rosario Spatola nell'ottobre del 1979? La società della moglie di Spatola, la Torino Costruzioni di Santa Terrana, entra in possesso formalmente del suolo solo nel 1982, quando il clamore attorno al caso Sindona si va spegnendo, e lo gira nel 1983 alla Leonia di un costruttore sconosciuto, tal Francesco Lo Iacono, che però ha un consulente molto noto e molto legato all'ex sindaco di Palermo Vito Ciancimino: il professore universitario Gianni Lapis, che in questa storia sembra il prezzemolo perché spunta dappertutto.

Il docente di Diritto tributario recita tre parti in commedia: è consulente di Rosario Spatola quando la moglie di Spatola vende il suolo al costruttore Lo Iacono; nel 1985 è consulente di Lo Iacono quando questi rivende a Lo Sicco; e infine è sindaco della banca Sicilcassa che concede il mutuo da 10,3 miliardi di lire a Lo Sicco per costruire.

Nella sentenza che condanna Pietro Lo Sicco per concorso esterno in associazione mafiosa, i giudici notano maliziosamente che il terreno passa due volte di mano "sempre con l'intermediazione dello stesso procuratore, l'avvocato Gianni Lapis, che già aveva rappresentato gli interessi dello Spatola in occasione della precedente compravendita e che, peraltro, risulta fare parte del consiglio di amministrazione della Sicilcassa che aveva deliberato la concessione del mutuo a favore del Lo Sicco per la realizzazione dell'immobile nella citata via del Bersagliere e ciò benché lo stesso non fosse neanche proprietario di tutte le aree interessate".

Gianni Lapis era un personaggio in vista della Palermo bene: nel 1979 si era candidato, non eletto, nel Partito socialdemocratico italiano. Il professore è morto nell'aprile del 2020 dopo la condanna definitiva a due anni e otto mesi, assieme a Massimo Ciancimino, figlio dell'ex sindaco mafioso di Palermo, con l'accusa di aver gestito il tesoro nascosto della famiglia. Lapis, fra l'altro, ha curato la cessione della Gasdotti siciliana, venduta per 126 milioni nel 2004 alla spagnola Gas Natural. Poi nel 2018 il tributarista è stato condannato a sei anni e cinque mesi per il crac della Sicilcassa.

Il benzinaio di Bontate

Le sorelle Pilliu, dopo la fugace apparizione di Rosario Spatola, scoprono di avere a che fare con un altro vicino ingombrante: Pietro Lo Sicco. Classe 1948, è un altro costruttore legato alla mafia dei "palermitani perdenti".

Se Rosario Spatola inizia vendendo bidoni di latte e poi si lega ai Gambino-Inzerillo, Lo Sicco è un benzinaio cresciuto a fianco di don Stefano Bontate. A volte è la cartografia a determinare il destino delle persone. Il distributore di Lo Sicco si trova in via Villagrazia, angolo via Aloi, e gli esperti di mafia sanno che negli anni settanta il "principe di Villagrazia" era uno solo: il figlio di don Paolino Bontà.

Don Stefano Bontate conosceva le lingue grazie ai buoni studi dai gesuiti, al Gonzaga, e frequentava i notabili anche per comune appartenenza massonica. Secondo il pentito Angelo Siino faceva parte della supersegreta "loggia dei 300". Insomma, non era solo il capofamiglia di Santa Maria di Gesù, era il capo carismatico della vecchia Cupola, un boss che sapeva dialogare con la Palermo bene. Di più, ne faceva parte.

I "viddani" di Corleone spazzarono via Bontate e tutto il sistema palermitano con cinque colpi di mitra più uno di lupara calibro 12 in faccia. Il "principe" finì il suo regno proprio in via Aloi, a due passi dal distributore di Pietro Lo Sicco. Era il 23 aprile 1981.

Nel giorno del suo quarantaduesimo compleanno, a bordo della sua Giulietta 2000 fiammante, Bontate indossava l'abito principe di Galles con la penna Vacheron Constantin e l'orologio della stessa marca. Sembrava davvero un principe, non fosse stato per la pistola Parabellum 7,65 nei pantaloni che quel giorno non aveva fatto in tempo a estrarre.

"Quel giorno mio zio era sconvolto. Bontate era Dio per Pietro Lo Sicco," ha raccontato ai pm il nipote Innocenzo Lo Sicco, un testimone di giustizia che, dopo anni di vessazioni e accordi forzosi con i boss, ha scelto di denunciare, praticamente la via opposta a quella dello zio.

Il 9 novembre 1999, difeso da Fausto Maria Amato, uno storico avvocato delle vittime di mafia, al processo contro Pietro Lo Sicco racconta come faceva lo zio a farsi restituire i soldi. Il suo primo cantiere lo tira su con un costruttore di nome Federico e quando quello non paga lo zio non va in tribunale: "Lo Sicco per chiudere questa vicenda che aveva in piedi col Federico ha avuto di bisogno dell'intervento di Stefano Bontate. Assieme a Ignazio Pullarà [braccio destro del boss Bontate] sono riusciti, e forse soltanto loro potevano riuscire in questo, a far dare indietro i soldi del terreno al signor Lo Sicco e poi ha cominciato l'attività in proprio".

Quando il 23 aprile 1981 muore Bontate, "la reazione di Lo Sicco," spiega il nipote, "è stata abbastanza drammatica, si è molto preoccupato, l'ho visto molto molto giù, perché aveva un legame particolare con questo signore. A suo dire era una persona degnissima, una persona perbene, una persona che lo aveva aiutato tantissimo, quindi lui se n'è dispiaciuto tanto della fine che ha fatto. Ricordo proprio che quel giorno lui stette malissimo [...]. Il referente di Pietro Lo Sicco era Bontate. E questo perché me lo diceva lui personalmente, che a lui chiedeva il cosiddetto permesso per potere edificare".

Quando Riina fa uccidere Bontate, racconta Innocenzo Lo Sicco, Ignazio Pullarà subentra nel comando e nei rapporti con Lo Sicco. E il costruttore, per gratitudine, regala un'automobile alla moglie del "reggente". I due boss che "proteggevano" Pietro Lo Sicco sono citati entrambi nelle sentenze più importanti della storia dei rapporti tra mafia e politica: quelle per concorso esterno in associazione mafiosa nei confronti di Giulio Andreotti (prescrizione per i fatti fino alla primavera del 1980) e Marcello Dell'Utri (condanna per i fatti fino al 1992). In particolare – per i giudici – Bontate aveva rapporti con entrambi e ha incontrato due volte Giulio Andreotti, nel 1979 e nel 1980, e una volta Silvio Berlusconi nel 1974.

Vi abbiamo raccontato queste storie di mafia "antica" per farvi capire quale fosse il livello dei "padrini" di Pietro Lo Sicco, l'uomo sfidato dalle sorelle Pilliu per difendere le loro due casette di via del Bersagliere.

Lo Sicco ha definito il suo "fiore all'occhiello" l'acquisto, nel febbraio del 1985, del terreno di via del Bersagliere di fronte alle casette delle Pilliu. Aveva già riempito Palermo con i palazzi famosi per il suo marchio, la "L" sulla facciata. Ma finora era rimasto confinato nelle periferie. Con l'acquisto del terreno alla Favorita il benzinaio aveva finalmente fatto il grande salto ed era arrivato nella zona alla moda del momento.

Notti magiche

Il 25 ottobre 1988, tre anni dopo l'acquisto del terreno limitrofo a quello delle sorelle Pilliu, a loro insaputa Lo Sicco si siede davanti al notaio Francesco Pizzuto per dichiarare che la sua Lopedil Costruzioni S.r.l. è proprietaria del lotto di terreno edificabile sito in Palermo, davanti a via del Bersagliere, annotato al catasto sotto le particelle "89 – 90 – 92 – 93 – 94 – 95 – 96 – 97 – 98 – 286 – 326 – 227". Peccato che una quota di tre delle particelle elencate (95, 97, 286) sia di proprietà di Giovanna Aresu, la mamma delle Pilliu. Per l'esattezza la mamma delle sorelle Pilliu ha un quarto delle particelle 97 e 286 mentre il resto è dei tre fratelli di mamma Giovanna. Della particella 95 ha poco meno di un quarto. Ciononostante, nel marzo del 1990 il comune rilascia al costruttore disonesto la concessione per edificare il suo palazzone con tre scale. A una condizione: che prima mantenga la promessa di abbattere le casette della famiglia Pilliu.

Proprio come Rosario Spatola, anche Pietro Lo Sicco voleva comprare le due vecchie casette delle sorelle Pilliu e quelle dei vicini per demolirle e costruire appartamenti da vendere sfruttando la posizione con vista sul parco della Favorita vicino allo stadio.

Siamo alla vigilia dei Mondiali di calcio. L'Italia è percorsa da un fremito: tutti sognano il bis della vittoria del 1982 sull'onda delle *Notti magiche* di Edoardo Bennato e Gianna Nannini. Giochiamo in casa e la squadra azzurra vanta campioni come Baresi, Mancini, Vialli e Baggio. Arriverà terza solo perché, a Napoli, va a sbattere contro l'Argentina di Maradona. Il capocannoniere della competizione con sei gol non è Dieguito ma Totò Schillaci, palermitano del Cep. Lo stadio della Favorita è stato ristrutturato per ospitare il cosiddetto girone degli hooligan: Inghilterra-Irlanda-Olanda-Egitto. Sull'onda dell'entusiasmo mundial, Lo Sicco corteggia la famiglia Pilliu, prima con le buone, poi con le cattive.

Il 26 ottobre 1999, al processo per mafia contro il costruttore, Maria Rosa Pilliu, allora quarantanovenne, racconta così il loro primo incontro, che risale al

1986: "Lo Sicco veniva a proporci delle permute in altri edifici che lui stava per costruire, però poi a un certo punto non se ne faceva più niente". Nel gennaio del 1990 si fa avanti il classico mediatore alla "palermitana": Michele Cillari, macellaio con negozio sempre in via del Bersagliere. Propone alle sorelle Pilliu un incontro con Lo Sicco. "Cillari ci chiamò la mattina, dicendo: 'Signorina Pilliu, le dispiace avvicinare?'. Siamo entrate nel suo negozio, eravamo io e mia sorella, e ci dice: 'Guardi, io vi conosco da tanti anni'. In realtà non avevamo mai avuto granché modo di... cioè, i soliti rapporti di vicinato, un saluto e basta, quindi mi sembrava un po' anomalo che ci avesse chiamato. Quando ci dice: 'Voi siete delle persone gentili, siete sempre squisite', ho risposto: 'Grazie per il complimento'. A un certo punto dice: 'Sa, io avevo intenzione di acquistare dei magazzini qua, in via dei Leoni, e ho saputo che il signor Lo Sicco ha dei problemi con voi'."

Non è facile dire al "carnezziere" di farsi gli affari suoi. Michele Cillari è stato arrestato con gran clamore un anno prima. Il primo febbraio 1989, Attilio Bolzoni scrive su "Repubblica": "Nella sua bottega i palermitani avevano solo l'imbarazzo della scelta. Tacchini ripieni di castagne, capretti insaporiti di spezie, arrosti prelibati. L'insegna di via del Bersagliere diceva tutto: 'Capricci di carne'. Dietro al bancone c'era sempre lui, sorridente, gentile, educato. Di giorno faceva il macellaio e di sera diventava il cassiere della mafia, l'uomo di collegamento tra Cosa Nostra e i terroristi neri in quell'intreccio scoperto dai poliziotti siciliani e dai giudici di Massa-Carrara. Un nuovo boss sulla scena di un intrigo internazionale: Michele Cillari, quarantacinque anni, una fedina penale immacolata nonostante tanti sospetti intorno ai suoi affari e due fratelli condannati al primo maxiprocesso per traffico di stupefacenti".

L'accusa per il "carnezziere" poi – va detto – cade e la fedina penale resta immacolata: il procedimento della procura di Massa-Carrara non approda a nulla. È certo, però, che quelle notizie inquietano le sorelle Pilliu. Michele Cillari scompare dalla scena e Lo Sicco il 2 novembre 1990 inizia i lavori con un bel cartello e tanto di numero di concessione: n. 120 del 3 marzo 1990. Le sorelle Pilliu vanno in comune e scoprono l'inghippo.

"Ho parlato direttamente con l'assessore, che allora era Angelo Serradifalco," ha spiegato ai giudici Maria Rosa Pilliu al processo Lo Sicco, "per chiedere appunto se le particelle di cui mia madre era comproprietaria facevano parte del progetto edilizio e della concessione edilizia, e mi è stato detto che effettivamente era così. Allora l'assessore dice: 'Mi scusi, ma voi non avete venduto?'. E io ho risposto: 'No, noi non abbiamo venduto'. Al che lui dice: 'Ma com'è che vi trovate qua?'. E io ho risposto: 'Questo, scusi, non lo deve venire a dire a me, io non lo so come ci troviamo così inseriti nella concessione edilizia numero...'. Poi, il giorno dopo, il 3 novembre, il signor Lo Sicco, di buon mattino, intorno alle nove, è venuto in negozio da noi a dirci che qualcuno ci aveva visto."

Il costruttore non gradisce l'intrusione nel suo territorio di caccia, l'edilizia privata, e dice che non devono andare più lì ma devono parlarne prima con lui.

Le sorelle non ubbidiscono e il 13 settembre 1991

tornano dall'assessore Angelo Serradifalco per chiedergli di annullare d'ufficio la concessione.

L'assessore è diventato famoso per un cartello che ha scosso la città. La "Repubblica" edizione Palermo il 18 settembre 1990 titolava: *"Basta bustarelle", ma così gli impiegati danno le dimissioni.* La cronaca di Alessandra Ziniti descrive bene la situazione dell'ufficio dal quale era uscita la concessione di Lo Sicco: "Tutto comincia cinque giorni fa quando nelle stanze dell'Edilizia privata viene affisso questo avviso agli utenti: 'Per evitare equivoci si precisa che per il rilascio di concessioni, autorizzazioni o certificazioni, nulla è dovuto oltre agli oneri legali a questa amministrazione o a impiegati e intermediari'. Quando il personale legge il cartello, scatta la protesta: è una questione d'onore. Gli avvisi vengono strappati dai muri, gli impiegati occupano la stanza dell'assessore. Serradifalco non si scompone. Alle proteste replica: 'Lo faccio per voi. Non voglio che si continui a sospettare dell'amministrazione. Da quarant'anni, quando si parla dell'Edilizia privata si dice male. Adesso basta!'".

Innocenzo Lo Sicco, testimone di giustizia credibile per i giudici, interrogato al processo allo zio, racconta che "tutti instauravano un rapporto particolare con quegli impiegati [all'Edilizia privata]. Il rapporto, sa, era quello che poi a Natale ci regalavi una cassetta e quando ti scriveva una concessione ci lasciavi 300 mila lire".

Sarà proprio Innocenzo Lo Sicco a rivelare che lo zio Pietro aveva ottenuto la sua concessione grazie a una dazione ben maggiore: 20-25 milioni di lire.

L'odissea di Savina e Maria Rosa Pilliu prosegue. Il

27 settembre 1991 hanno un primo scontro quasi fisico con il costruttore. Maria Rosa al processo contro Lo Sicco lo racconta così: "Abbiamo trovato, all'interno della nostra proprietà, un gruppo di operai di Lo Sicco e in quella occasione dissi al Lo Sicco: 'Mi scusi, le dispiace uscire e far uscire queste persone?' e il signor Lo Sicco mi disse: 'Vattene da qua perché qua è tutta roba mia. Vattene a vendere quattro pacchi di pasta Barilla, perché, altrimenti, fra poco non ti farò vendere manco quelli' e in effetti c'è riuscito a farmi chiudere il negozio perché stiamo chiudendo e questo mi provoca un grosso problema". Il negozio ha chiuso poco dopo, ma poi per fortuna ha riaperto. Quindi se volete comprare prodotti alimentari sani, soprattutto sardi, le sorelle Pilliu sono lì, in via del Bersagliere, ad aspettarvi.

Savina, che al processo non è stata sentita su questo, oggi ricorda così quell'episodio: "Il costruttore diceva che nessuno aveva preso a schiaffi mia sorella e l'avrebbe fatto lui. Poi diceva che, se anche gli avessero dato trent'anni di carcere, non gli importava. Noi dicemmo a Lo Sicco: 'Se sei tu il proprietario, mostraci i documenti' e lui mise le mani su... le sue cose... e disse guardandoci con tono di sfida: 'Ce le ho qua le carte!'".

A quel punto, di fronte a quel gesto, Savina e Maria Rosa si scambiano un'occhiata, chiudono il negozio di generi alimentari lì vicino al civico 5 di via del Bersagliere (lo scavo del palazzo abusivo di Lo Sicco è a due passi, e oggi si trova al 77) e vanno a parlare con l'unico soggetto che pensano le possa aiutare: lo Stato.

Immaginate queste due donne di origine sarda, rimaste sole con la madre, a Palermo, senza padre e senza nonno, senza conoscenze, che girano le spalle a Lo Sicco e si incamminano sotto il sole.

Come si insegna agli studenti di Giurisprudenza, lo Stato centrale in ogni provincia italiana è rappresentato dalla prefettura. Savina e Maria Rosa alle 11.45 del 27 settembre 1991 sono davanti a quello che un tempo si chiamava "il palazzo del governo". Le riceve il viceprefetto Spadaccini, che subito chiama un funzionario dicendo che da quel momento sarebbe stato il loro referente: Giovanni Piombo, un uomo gentile, che poi diventerà viceprefetto e purtroppo morirà, vittima di un malore improvviso (e della maledizione che colpisce tutti i "buoni" di questa vicenda).

Il dottor Piombo le ascolta e chiede di visionare le carte. Le rassicura: alla fine la spunteranno. Effettivamente le carte sembrano chiarissime: la concessione n. 120 del 3 marzo 1990 rilasciata dal comune a Pietro Lo Sicco è illegale perché basata sulla falsa dichiarazione della titolarità di terreni che, per una quota, appartengono alla famiglia Aresu-Pilliu.

Ma la situazione non migliora con il tempo. Per raccontare quel che hanno passato ormai ben trent'anni fa, Savina si aiuta con gli appunti scritti a penna nelle sere in cui, da sole, le due sorelle ricordano, scrivono e talvolta si disperano: "30 settembre 1991: assistite dall'avvocato Andrea Zimmardi chiediamo la sospensione dei lavori al pretore".

Le sorelle Pilliu si rivolgono ancora allo Stato: dopo la prefettura (potere esecutivo) denunciano tutto in pretura (potere giudiziario), ma la loro è davvero la lotta di Davide contro Golia. Non lo sanno, ma si stanno mettendo contro un peso massimo da tutti i punti di vista.

Mafia di scavo

Pietro Lo Sicco ha avuto sempre accanto i partner giusti al posto giusto. Nella sentenza del 2000, che lo condanna a sette anni per concorso esterno in associazione mafiosa, i giudici del tribunale scrivono: "Lo Sicco Pietro precisava di essersi ispirato a una massima di esperienza in base alla quale egli si rivolgeva sempre alle 'persone della zona' affermando che tramite questo espediente aveva evitato di entrare in contrasto con gli esponenti mafiosi di ciascuna area".

La sentenza d'Appello che condanna Pietro Lo Sicco per concorso esterno in associazione mafiosa elenca chi sbancava i suoli dei palazzi di Lo Sicco: "In via Cruillas i lavori di scavo erano stati realizzati da Prestigiacomo Giovanni, che poi effettivamente era stato tratto in arresto, in via Villagrazia, da tale Tusa parente proprio di Santino Pullarà [poi condannato all'ergastolo], e in via del Bersagliere da Pino Guastella, capo del mandamento mafioso di San Lorenzo in sostituzione di Nicola Di Trapani che, inoltre, gli aveva fornito anche materiale utilizzato per le costruzioni".

Per il tribunale Lo Sicco non è una vittima ma un complice della mafia: "Così facendo agevolava fortemente l'organizzazione mafiosa proprio perché, in cambio del permesso di poter edificare in quel determinato territorio di pertinenza di una determinata famiglia criminale, commissionava lavori per ingenti corrispettivi agli esponenti della stessa o ai loro prestanome e acquistava anche dagli stessi, quando possibile, il materiale necessario alla realizzazione dell'immobile".

Questo era il soggetto che le sorelle Pilliu hanno sfidato negli anni della sua massima potenza. Savina e Maria Rosa capiscono che Lo Sicco non è un costruttore qualsiasi e cominciano a temerlo quando sparisce Salvatore Savoca, il genero di Pietro Lo Sicco.

Durante i lavori, Savoca sta spesso in piazza Leoni, essendo di fatto il capocantiere in sostituzione del suocero. Le sorelle Pilliu lo conoscono. Quando ormai sono già ai ferri corti con il costruttore, quel volto familiare sparisce dal cantiere. È il 24 luglio 1991.

Pietro Lo Sicco denuncia la sparizione del genero due giorni dopo, il 26 luglio, quando i sicari di Cosa Nostra sparano al fratello di Salvatore, Giuseppe Savoca, in via Pecori Giraldi uccidendone anche il figlio di appena quattro anni, Andrea Savoca.

Si tratta di un episodio di sangue che ha fatto storia a Palermo. Giuseppe Savoca era appena uscito di galera e il figlioletto gli aveva chiesto di andare al mare a fare un bagno per festeggiare il ritorno a casa.

Salvatore Savoca, il genero di Lo Sicco, invece viene strangolato. Secondo il pentito Giovan Battista Ferrante, è stato proprio Santino Pullarà (che oggi è laureato, libero e scrive romanzi ed è – per i suoi professori di Siena – completamente riabilitato dopo ventisette anni di carcere) ad attirare il genero di Lo Sicco in trappola nel magazzino di mobili di Nino Troia a Capaci.

"Entrati nella stanza," ha raccontato Ferrante, "abbiamo immediatamente strangolato il Savoca, senza porre al medesimo alcuna domanda. Di fatto allo strangolamento partecipammo tutti, ma non ricordo chi, materialmente, mise la corda al collo del Savoca e chi invece teneva il medesimo." Il cadavere viene poi sciolto nell'acido.

Secondo il collaboratore di giustizia Giovanni Brusca, come poi vedremo condomino nel palazzo di piazza Leoni per un breve periodo, i due fratelli Savoca sono stati puniti per le rapine non autorizzate ai Tir. Secondo un altro pentito, Francesco Onorato, c'entravano anche gli appetiti del potente clan Madonia sul cantiere di piazza Leoni. I Madonia volevano entrare in società nel cantiere del palazzo di Lo Sicco ma il genero non gradiva. Salvatore si sentiva forte perché parente del boss Pino Savoca, ma aveva fatto male i conti.

Pietro Lo Sicco ha dichiarato in tribunale di aver conosciuto il boss Pino Savoca quando sua figlia aveva fatto la "fuitina" con Salvatore Savoca, nipote del boss. Come si usa, era andato a parlare con il personaggio "più importante" della famiglia ottenendo la promessa del matrimonio tra i due.

Quando le sorelle Pilliu si oppongono a Pietro Lo Sicco, il costruttore non è forte solo per i suoi rapporti con le famiglie mafiose, ma anche perché si avvale di grandi avvocati.

Nell'ottobre del 1991 Lo Sicco mette in campo un asso come Franco Marasà, principe del foro palermitano, legale di molti boss, compreso Bernardo Provenzano, il capo di Cosa Nostra dopo l'arresto di Riina, e Vittorio Mangano, il "fattore di Arcore". Marasà, in quello stesso ottobre del 1991, fa un paio di riunioni con le Pilliu e il loro legale Andrea Zimmardi. Tenta di raggiungere un accordo offrendo due appartamenti, ma le sorelle vogliono una permuta con una fideiussione bancaria, altrimenti la mamma non firma. Così salta tutto.

Il pretore, intanto, nomina un consulente tecnico

d'ufficio, l'ingegner Capritti, perché verifichi se le case abbiano subìto un danno in seguito alle prime operazioni di demolizione di Lo Sicco. Il sopralluogo si svolge alla presenza di Franco Marasà, l'avvocato di Lo Sicco. La perizia, depositata a giugno, dice che le casette sono talmente vecchie che non è colpa di Lo Sicco se sono pericolanti. Il costruttore prende coraggio e rompe gli indugi. Nel luglio del 1992 partono le ruspe contro quel filare di antiche abitazioni. Lo Sicco butta giù gli appartamenti sopra e quelli accanto alle casette, che appartengono in parte alla mamma delle sorelle Pilliu che le ha avute in donazione dal padre. Così ora le casette intestate alla mamma si ritrovano senza il tetto e pericolanti.

Le sorelle scrivono una diffida per quel comportamento da bullo dell'edilizia che lascia le loro casette a cielo aperto. Scrivono al sindaco, al prefetto e all'assessore all'Edilizia. Gli uffici dell'Edilizia privata del comune, però, non si mostrano sensibili alle istanze delle sorelle Pilliu, anzi. In una nota, infatti, l'assessorato sostiene che era facoltà della Lopedil "demolire le quote di fabbricati da essa posseduti, visto che la concessione 120/90 a ciò la autorizzava, e che gli eventuali rischi di tale parziale demolizione erano una questione attinente la sfera del diritto privato nel rapporto tra le parti interessate". Cioè, è un problema tra la mamma delle sorelle Pilliu e il costruttore.

Le sorelle partono al contrattacco e vanno in procura. Lì incontrano un uomo che è parte della storia di questo Paese: Paolo Borsellino.

5.
Borsellino e le casette

Il primo insegnamento che ho imparato, frequentando il mondo dell'antimafia, è tratto da un proverbio francese che dice: "Il faut tourner sept fois sa langue dans sa bouche avant de parler", cioè: "Devi girare la lingua sette volte in bocca, prima di parlare". Nel mio caso, aggiungerei, prima di considerare qualcuno. Questo perché, fatta eccezione per i piani stragisti di Totò Riina, storicamente la forza della mafia è sempre stata proprio quella di mimetizzarsi. Nonostante sia, ahimè, ancora diffuso il cliché del mafioso in giacca di velluto e coppola, in tutta la mia vita non ho mai incontrato nessuno a Palermo vestito in quel modo. Ancor meno con la coppola in testa. Soprattutto, la mafia palermitana era molto inserita nei salotti "bene" della città.

Ancora più indistinguibile, va da sé, era colui che non faceva parte dell'organizzazione mafiosa, ma che ugualmente vi collaborava. Sono quindi numerosi i casi di persone che apparivano come nemici della mafia e dopo anni si scopriva che erano in realtà collusi. Credo che nessuna categoria ne sia rimasta immune: forze dell'ordine, magistrati, giornalisti, medici, preti. Per questo, prima di spendersi pubblicamente per una persona, è sempre il caso di informarsi bene. Non vorrei scomodare il solito Pirandello, ma è proprio vero che in Sicilia il bianco e il nero non sono mai così netti, da questo punto di vista.

C'è una cosa, però, che mi sorprende sempre. Negli anni passati, parecchi fatti che succedevano in città e i meccanismi interni alla mafia erano sconosciuti ai più. Oggi invece sappiamo molto, sia grazie all'esperienza accumulata dalle forze dell'ordine e dalla magistratura, sia grazie ai pentiti. E dove ancora resta qualcosa di misterioso, abbiamo indizi che quantomeno ci fanno capire come di sicuro *non* siano andate le cose, perché sarebbero semplicemente illogiche. Quando leggiamo la vita di chi è stato in prima fila nella lotta alla mafia, quindi, lo facciamo con un carico di notizie che i protagonisti della nostra storia ancora non conoscevano. Ed è stupefacente quanto spesso questi protagonisti si confermino coraggiosi nell'ostinarsi a scoprire la verità, nonostante l'evidente pericolo, e soprattutto talentuosi nelle loro indagini. Come riuscivano a vederci giusto, in un periodo particolarmente buio. Un po' come se fossero un vero marchio di affidabilità su cui non avere alcun dubbio, che va contro la narrazione pirandelliana della Sicilia opaca. Erano i buoni dei film che combattevano i cattivi: con loro non si rischiava di rimanere delusi.

Anche nella vicenda delle Pilliu a un certo punto si presenta quel personaggio, marchio di garanzia, che appartiene sostanzialmente a quella schiera di persone che hanno letteralmente combattuto la mafia e la società corrotta che l'ha appoggiata. Quella schiera che "resistendo" ha tenuto accesa "la speranza dei palermitani onesti", tanto spesso messa a dura prova. Chiedo scusa per la retorica, ma li ho sempre considerati i miei eroi romantici, quelli che ci hanno salvato la vita. Quelli senza i quali vivremmo in una società sicuramente peggiore. Tra giugno e luglio del 1992 le Pilliu incontrano per ben quattro volte Paolo Borsellino.

Quando Savina me lo ha raccontato la prima volta, ho fatto letteralmente un balzo sulla sedia. Non solo per il nome, ma anche per il periodo in cui lo hanno incontrato. Da gennaio a luglio di quell'anno, a Palermo, sono accaduti dei fatti che hanno segnato per sempre la storia del nostro Paese.

Il 30 gennaio, la Cassazione conferma le condanne all'ergastolo nel maxiprocesso per molti componenti della mafia, Totò Riina incluso. Per la prima volta i mafiosi sono condannati, e non assolti per "insufficienza di prove" come succedeva spesso. La reazione della mafia è violenta: il 12 marzo, sempre di quell'anno, uccide il politico Salvo Lima. Elimina, cioè, colui che per anni ha avuto rapporti con i mafiosi e li ha favoriti. È un messaggio per quel mondo della politica che aveva assicurato di cambiare le sentenze. Essendo saltato lo schema di alleanze politica-mafia, "adesso può succedere di tutto," dice Giovanni Falcone.

Infatti, due mesi dopo, Totò Riina alza il tiro e il 23 maggio uccide lo stesso Falcone nel modo più "spettacolare". Poteva farlo a Roma, dove il magistrato spesso andava in giro senza scorta, eppure preferisce far saltare un pezzo di autostrada con l'esplosivo in Sicilia. Tutti sono consci che il prossimo sarà Paolo Borsellino. E forse quello che lo sa meglio di tutti è proprio lui. Ma come in una vera e propria tragedia greca, un patto tra due amici non si spezza nemmeno davanti al pericolo di morte.

Nonostante tutto, Borsellino prosegue le sue indagini per scoprire la verità, tutta la verità, sulla morte del suo amico Giovanni, della moglie Francesca Morvillo e dei tre ragazzi della scorta: Rocco Dicillo, Antonio Montinaro e Vito Schifani. Intuisce che dietro, ancora una volta, non c'è solo la mafia. È talmente consapevole di non avere molti giorni da vivere che firma degli assegni in bianco alla moglie, per semplificarle le cose dopo il suo decesso.

È questo il contesto del periodo in cui Borsellino conosce le sorelle Pilliu. Loro, che per anni hanno fatto fatica a incontrare qualcuno che abbia avuto la pazienza di ascoltarle, si trovano davanti un magistrato che le ascolta. La cosa che Savina ricorda di più è proprio questo: la sua pazienza nell'ascoltare. Cosa che conferma l'immagine di Paolo Borsellino come di "un uomo aperto e cordiale, il che lo aiutava a instaurare con facilità i rapporti umani, un uomo di un'ironia imbarazzante e dissacrante. Riusciva a sdrammatizzare tutto con una naturalezza assoluta. La battuta era sempre in agguato". Così lo ricorda il collega Giuseppe Ayala.

E lo si capisce anche attraverso alcuni aneddoti che si tramandano al palazzo di giustizia di Palermo. Come quando Borsellino sottraeva una papera di legno dalla collezione che Falcone teneva nel suo ufficio, sostituendola con un biglietto minatorio in cui si chiedeva un riscatto di 5000 lire. O quando gli leggeva una ironica (e amara) orazione funebre per la sua morte: "Ci sono tante teste di minchia: teste di minchia che sognano di svuotare il Mediterraneo con un secchiello... quelle che sognano di sciogliere i ghiacciai del Polo con un fiammifero... ma oggi, signori e signore, davanti a voi, in questa bara di mogano costosissima, c'è il più testa di minchia di tutti... uno che aveva sognato niente meno che di sconfiggere la mafia applicando la legge". Tutto questo mentre fuori c'era una organizzazione criminale, tra le più forti al mondo, intenzionata a ucciderli.

Probabilmente le sorelle Pilliu non ebbero l'occasione di conoscere questo aspetto ironico del magistrato, visto il periodo in cui lo incontrarono, ma riuscirono comunque ad apprezzarne l'umanità.

Il Borsellino di cui mi parla Savina mi riporta in mente la storia raccontata dal figlio Manfredi: "Avevo quindici anni quando mi chiese di regalare il mio motorino al figlio di una vedova, il cui marito era morto in una strage di mafia". Ne aveva bisogno "per recarsi in una borgata di Palermo dove svolgeva l'attività di panettiere". O quando a un collaboratore di giustizia che gli rivelò di essere stato incaricato dalla mafia di eseguire il suo assassinio, "forniva personalmente le lamette, la schiuma da barba e le sigarette, in un periodo storico in cui mancavano del tutto le agevolazioni" che esistono oggi per chi sta in carcere.

Quando cerco di tirar fuori a Savina un commento su quegli incontri, lei non fa che sottolineare lo stupore provato di fronte a un magistrato così paziente e gentile con loro. Si vedono ben quattro volte per potergli raccontare per bene tutta la loro storia. L'ultima volta però Borsellino è costretto a rimandare l'appuntamento e propone di vedersi il 15 luglio. Ma essendo la festa di santa Rosalia, patrona della città, le due sorelle non sanno a chi affidare la madre, quindi decidono di rinviare quel quinto incontro a data da destinarsi. Ed è qui che faccio il mio secondo balzo sulla sedia: Savina ha visto Borsellino segnarsi il loro numero di telefono e non esclude che fosse un'agenda rossa, probabilmente quella stessa agenda rossa sparita poco dopo la sua morte. Purtroppo quel quinto incontro non si terrà mai. Il giudice morirà qualche giorno dopo in via D'Amelio.

6.
Il giallo dei quattro incontri

Dopo la morte di Giovanni Falcone, quando era impegnato in una corsa contro il tempo per trovare gli assassini del suo amico e collega, Paolo Borsellino ha passato ore ad ascoltare la storia del palazzo di piazza Leoni. Savina Pilliu ricorda quegli incontri e tra i suoi appunti ce n'è effettivamente uno a penna che risale agli anni novanta: "30 giugno-13 luglio 1992, 4 incontri Borsellino".

Savina ricorda: "Non conoscevamo Borsellino. Eravamo andate all'evento pubblico della Biblioteca comunale di Palermo del 25 giugno 1992 dopo la morte di Falcone". Quella sera Paolo Borsellino partecipa a un dibattito organizzato dal mensile "Micromega". Ci sono Nando dalla Chiesa, Paolo Flores d'Arcais, Saverio Lodato. Lo ha invitato l'avvocato e deputato della Rete Alfredo Galasso, che così racconta quella serata nel suo libro *La mafia che ho conosciuto*: "Uno straordinario, mai visto né prima né dopo, abbraccio di folla e un'incessante acclamazione segnarono la fine del discorso di Paolo, visibilmente commosso e insieme turbato".

Savina è lì: "Io e Maria Rosa siamo arrivate tardi e non c'era più posto. Lasciammo mamma nella macchina parcheggiata, se non ricordo male. Stavamo in questo grande atrio con le colonne, in piedi, alla sinistra della scrivania dove era seduto Paolo Borsellino con l'avvocato Alfredo Galasso e gli altri oratori".

Dopo pochi giorni le sorelle Pilliu sono in procura a parlare con lui. "Non ricordo come né perché entrammo nella sua stanza la prima volta. Oggi sembra una cosa importante da ricordare e mi rendo conto che possa apparire strano che io non abbia ricordi nitidi, ma per me non era Paolo Borsellino al centro. Allora noi cercavamo solo di risolvere il nostro problema. Volevamo qualcuno che si prendesse a cuore la nostra causa e lo trovammo. Da quel che ricordo fu Antonio Ingroia a portarci da lui."

Savina, in verità, ha pochi ricordi di quegli incontri: "Borsellino ci ha ricevuto più di una volta, questo è sicuro. Io ricordavo tre volte, ma ora ho trovato questo appunto che elenca i fatti fino al 1993 e che quindi avrò scritto in quel periodo. Qui ho scritto che ci furono quattro incontri, sarà così". Purtroppo Maria Rosa non può più ricordare per via della sua malattia.

"Mi vengono in mente solo cose minime," dice Savina. "Per esempio, che Borsellino ci ascoltava e non parlava. Che ci ha ricevuto in camicia. Che era da solo in stanza. Tranne una volta che ricordo è entrata anche la figlia. Non era Lucia perché ho avuto modo di vederla pochi anni dopo in via Libertà e non era lei. Penso quindi fosse l'altra figlia, Fiammetta."

Sia Fiammetta Borsellino sia Antonio Ingroia non rammentano l'episodio, ma entrambi non escludono che sia vero. L'ex pm non ricorda di averle portate al cospetto di Borsellino in quei giorni, ma conferma che le sorelle andavano spesso in procura per chiedere giustizia. Fiammetta ricorda che andava spesso a trovare il padre ma non ha memoria delle sorelle Pilliu.

"Ho un ricordo nitido della figlia del giudice perché ricordo la mia sensazione di imbarazzo che ci convinse a togliere il disturbo pensando che volesse parlare con lui. Lei," dice Savina Pilliu, "si è seduta sul divanetto nella stanza e noi siamo andate via per tornare quando non avremmo disturbato il padre."

Una cosa è certa: Paolo Borsellino le ascoltava.

"Ricordo solo che fumava le sue sigarette come se le mangiasse. Era gentile," continua Savina. "Teneva l'aria condizionata a temperatura bassa, faceva freddo. Una volta ricordo che si accorse che io avevo i brividi e senza chiederlo spense subito l'aria. Ogni volta ci dava lui l'appuntamento per la volta dopo. Gli incontri furono ravvicinati. Sono sicura che l'ultima volta che lo abbiamo visto è stata il 13 luglio. Quel giorno non ci ha praticamente fatte sedere. Arrivammo in procura di mattina e lui era in ritardo. Ci fece aspettare sulla panchina di legno davanti alla porta per più di un'ora. Quando arrivò io ho avuto la sensazione che fosse nervoso. Ci chiese scusa e disse che era stato a colloquio con il procuratore Giammanco. Poi ci salutò dicendo che, se volevamo, dovevamo tornare in ufficio a parlare il 15 luglio. Ma era il giorno di santa Rosalia. Noi gli facemmo presente che non potevamo lasciare la mamma sola. Allora lui si segnò il numero sull'agenda. Io non so se l'agenda fosse quella rossa. So che era aperta sul tavolo e che il nostro numero non è stato ritrovato nell'altra agenda, quella grigia. Quando è morto abbiamo capito che non avremmo mai potuto finire di raccontargli tutta la nostra storia."

Cosa potesse trovarci d'interessante Borsellino in quella storia di vicinato e costruttori prepotenti non è chiaro. Sono passati ventinove anni. Le sorelle certamente gli raccontarono che il primo a interessarsi al terreno del nonno nel 1979 era stato Rosario Spatola, soggetto che Borsellino conosceva bene. Certamente gli raccontarono che il capocantiere, Salvatore Savoca, genero del costruttore, era sparito nel 1991 per lupara bianca due giorni prima dell'uccisione efferata del fratello e del nipotino di quattro anni. Probabilmente Borsellino sapeva che Lo Sicco era già stato arrestato e assolto per una questione minore di frode sui carburanti. Insomma, aveva gli elementi per capire che fosse un costruttore vicino alla mafia.

Però non può che risultare stupefacente che il giudice più famoso, minacciato e impegnato d'Italia "perdesse tempo" con le sorelle Pilliu e i loro problemi.

La dottoressa Antonella Consiglio, la prima pm a raccogliere il racconto delle Pilliu dopo la morte di Borsellino, ricorda che effettivamente le sorelle quel giorno di ventotto anni fa le parlarono dei loro colloqui con il giudice poco prima della strage di via D'Amelio.

C'è poi un incrocio fortuito tra i destini della famiglia di Paolo Borsellino e quelli della famiglia Pilliu. La moglie di Salvatore Borsellino – il fratello di Paolo che ha fondato il Movimento delle Agende Rosse – aveva ereditato, insieme ai suoi fratelli, una piccola quota di una delle casette accanto a quelle delle sorelle Pilliu. Il 6 marzo 1992 la famiglia di lei cede l'appartamento di sua proprietà, al primo piano di via Leoni 24, alla Lopedil di Lo Sicco in cambio di un appartamento di circa 70 mq nel palazzo che sarebbe stato costruito dopo la demolizione del vecchio fabbricato. Poi, alla fine del 2016, l'appartamento è stato venduto e così la cognata di Borsellino non è più tra i condomini del palazzo di Lo Sicco.

Può essere che Paolo Borsellino sapesse dell'esistenza di quella proprietà della famiglia della cognata proprio nel palazzo di cui gli parlavano le sorelle Pilliu? A Salvatore Borsellino, che viveva al Nord e non sentiva spesso il fratello, Paolo non parlò mai di quel palazzo o della casa della moglie o delle sorelle Pilliu. Quindi sarà solo l'ennesima coincidenza di questa storia.

Paolo Borsellino era umanamente interessato alle sorelle Pilliu. Nulla di strano per chi conosceva bene il giudice. Era normale per lui fermarsi ad ascoltare la povera gente che aveva problemi con la giustizia. Era il suo modo di essere magistrato.

Messaggi intimidatori

All'inizio degli anni novanta le sorelle Pilliu sono alle prese con un altro problema.

La loro vita viene "animata" da una serie di avvenimenti che, a pensar male, potrebbero essere scambiati per avvertimenti. Nel 1993, sotto la saracinesca, trovano un giornale pornografico. Un fatto che, di per sé, non è niente di che. Certo, è strano che qualcuno abbia avuto il pensiero di mettere il suo giornaletto porno proprio lì (storicamente si è sempre scelto un posto più pratico, tipo dietro un armadio o il termosifone).

All'inizio comunque le sorelle Pilliu non danno tanto peso alla cosa. È più un fatto curioso che preoccupante. Poi, però, trovano un liquido rosso davanti all'ingresso del loro negozio. Questo già comincia a essere più preoccupante che curioso. Infine compare una scritta verde, questa volta accanto all'ingresso del negozio: "Pilliu, la grascia continua" (Pilliu, lo sporco continua). Un messaggio più diretto e chiaro rispetto ai precedenti, anche se dal punto di vista semantico un po' zoppicante.

Con il passare dei mesi il tenore dei messaggi evolve. Comincia, infatti, il periodo delle consegne di corone di fiori. A questo punto c'è ben poco di criptico. La prima corona di fiori ricevuta è a nome dei condomini. In realtà, l'indagine dei carabinieri scoprirà che non esiste alcun condomino che abbia commissionato la spedizione, ma non si riuscirà comunque ad arrivare al vero autore.

A dir poco surreale è la discussione che le due povere sorelle devono sostenere con alcuni dei fiorai, che pretendono di essere pagati. Qualcuno, addirittura, chiede se non abbiano comunque voglia di tenersi la corona: "Una volta che abbiamo tagliato i fiori!".

Insieme al filone delle corone di fiori c'è quello dei bidoni di calce. Già semanticamente più coerente con la criminalità cittadina. Un giorno Savina si accorge di un operaio che, sceso dal camion, comincia a guardarsi in giro proprio davanti al suo negozio. Alla domanda su chi sta cercando, l'uomo risponde che deve consegnare un bidone di calce al negozio delle Pilliu. Pensano a un errore e la cosa finisce lì. Ma quando si presentano degli operai, questa volta a casa, con altri bidoni di calce e di "tonachina" (vale a dire l'intonaco), le sorelle capiscono che non c'è proprio alcun errore. E per fugare ogni dubbio, si ritrovano altri quattro fusti di calce davanti al negozio. Con il tempo le iniziative prendono singolari varianti. Ecco la lista con gli avvertimenti principali:

1) Le Pilliu vengono contattate a casa da una ditta di porte blindate. Vogliono sapere quando possono venire a installare le porte richieste.

2) Una ditta di spurghi si presenta per sapere quando possono effettuare lo spurgo. Qui l'autore torna a impegnarsi. Apprezzabile la ricerca della metafora.

3) Mentre sono in vacanza in Sardegna, una ditta di trasporti si presenta per organizzare il trasloco.

4) Al bar qualcuno ordina a loro nome dei cannoli, una torta e delle sigarette.

5) Portano una bombola del gas in negozio (qui l'autore torna a impigrirsi, dopo qualche sprazzo di fantasia).

6) Un signore robusto, sui cinquant'anni, di notte distrugge le piante davanti al negozio e se ne va.

7) Un altro signore entra nel negozio e ripete due volte a Maria Rosa: "Ancora viva sei?". E mentre viene cacciato fuori, promette di far saltare il negozio. In seguito si difenderà sostenendo che il suo era solo uno scherzo.

8) Su un giornale di annunci vengono messe in vendita le palazzine (organizzano addirittura gli appuntamenti).

9) Le sorelle subiscono due furti in casa, alquanto

sospetti: nel primo non rubano nulla e nel secondo solo cose di poco valore, nonostante avessero la possibilità di prendere oggetti decisamente più preziosi.

Nella sentenza del tribunale che condannerà Lo Sicco a sette anni per concorso esterno in associazione mafiosa, è scritto che non ci sono elementi per ritenere che dietro alle minacce ci fosse lui. Di certo però "dette dichiarazioni [delle Pilliu], pur rimanendo dotate di carattere sostanzialmente equivoco in ordine alla diretta attribuibilità dei fatti all'imputato, costituiscono comunque ulteriore indizio circa la metodologia utilizzata dal medesimo per cercare di ottenere i risultati sperati oltre che indubitabile prova della ulteriore sussistenza di particolari rapporti tra lo stesso e soggetti (quali il Cillari) pur sempre appartenenti a gruppi familiari all'interno dei quali alcuni componenti risultano essere stati condannati per gravi fatti associativi".

Infine, ci sono due fatti che le sorelle non hanno mai raccontato e che appartengono più alla sfera delle sensazioni. Li riportiamo perché, al di là delle intenzioni del signor Lo Sicco (sicuramente pacifiche e talvolta mal interpretate), riviste nel contesto delle denunce delle Pilliu, devono aver lasciato alle due sorelle una sensazione abbastanza inquietante.

Il primo fatto avviene tra il 1990 e il 1991.

Così lo racconta oggi Savina: "Un giorno, mentre con Maria Rosa mi stavo avviando verso la Posta, sbuca fuori dal suo cantiere Pietro Lo Sicco, il quale ci invita a entrare dicendo che doveva comunicarci una cosa. Ma una volta dentro e chiuso il cancello, lui sparisce. Così ci ritroviamo da sole, sotto il sole estivo palermitano, davanti a una enorme buca profonda, in un cantiere deserto, per circa cinque minuti". Non me ne voglia il signor Pietro Lo Sicco, nell'eventualità che stia leggendo questo libro, ma la paura percepita dalle sorelle Pilliu di poter essere vittime di qualcosa di più brutto di uno scherzo ci starebbe, date le condizioni: il cantiere deserto, la buca profonda, loro che si oppongono ai suoi progetti edilizi e lei che è un amico dei mafiosi, condannato poi per concorso esterno in associazione mafiosa. Sono cose che messe tutte insieme colpiscono. Non si arrabbi, ma in quel momento c'erano tutti gli elementi per pensar male. Senza offesa.

"All'improvviso, però," conclude Savina, "si apre il cancello e sbuca la testa della edicolante del quartiere che dà una veloce sbirciata. Evidentemente la curiosità la spinge a dare un'occhiata. Subito dopo rispunta il signor Lo Sicco che, in maniera un po' scortese, ci comunica che non aveva nulla da dirci e che potevamo andare via."

La seconda occasione in cui si sono spaventate è stata quando, percorrendo via del Bersagliere a piedi, incrociano il solito Lo Sicco. Il costruttore è un amante delle fuoriserie. Gli hanno sequestrato una Ferrari 348. Savina ricorda quel giorno. Probabilmente per via del loro rapporto abbastanza burrascoso, sostiene: "Ho avuto la leggera sensazione," sicuramente errata, diciamo oggi noi, "che la Ferrari per qualche secondo puntasse proprio noi due. Tanto che ci siamo buttate verso il muretto".

Insomma, alla fine però, se in entrambi i casi non è successo nulla, vuol dire evidentemente che quelle delle Pilliu sono state solo suggestioni dovute allo stress del momento.

A questo punto mi viene spontaneo chiedere a Savina: "Ma quante denunce avete fatto in tutti questi anni?". La sua risposta: "Quarantaquattro. Ma a volte in una denuncia raccontavamo più fatti". Sì, perché ogni volta che succedeva qualcosa loro denunciavano, anche se purtroppo le denunce non hanno portato a nulla. Non si è mai scoperto chi fosse l'autore di questi fatti. Altra domanda: "Avete investito molto tempo di questi ultimi trent'anni occupandovi di processi, denunce, esposti e ricorsi vari. Ma quanto avrete speso di avvocati?". Una cifra certa non è in grado di dirmela, ma parziale sì: "Nel 1986 avevo 120 milioni di lire, nel '93 erano finiti solo per pagare gli avvocati".

L'ultima mia domanda è abbastanza banale e riguarda la paura. Perché è evidente che ci siano tutti i motivi per averla provata. E infatti gli stessi carabinieri, nel 1998, propongono alle sorelle Pilliu di entrare in un programma di protezione. Si sarebbero dovute trasferire in un'altra città e avrebbero dovuto cambiare nome. Loro però rifiutano: "Noi abbiamo detto che ci andava bene, perché lo Stato ci doveva proteggere, ma non volevamo andare fuori dalla Sicilia. Lui [Lo Sicco] doveva andare in esilio, non noi. Tre persone a vagabondare senza avere più nulla. Ma sono pazzi?".

Successivamente, nel 2004, quando con le misure cautelari cominciano a sequestrare i beni al costruttore, la prefettura chiama Maria Rosa per proporre una scorta. Lei rifiuta dicendo che a quel punto, se fosse successo qualcosa a lei o alla sua famiglia, i carabinieri sarebbero andati direttamente da Lo Sicco. Era per lei una sorta di garanzia sul fatto che non sarebbe successo nulla.

Riguardo alla risposta della sorella, Savina oggi ha qualche rimpianto: "Se avessimo accettato, avremmo provato che lo Stato riconosceva il pericolo e le nostre difficoltà. Oggi forse sarebbe servito a dimostrare di essere vittime di mafia".

Perché la situazione è questa, in effetti: c'è una parte dello Stato che in passato si è preoccupata della loro incolumità, per essersi messe contro un costruttore legato alla mafia, e oggi c'è un altro pezzo dello Stato – nella fattispecie, l'Agenzia che gestisce i fondi per le vittime di mafia – che nega loro lo status di vittime di mafia.

Conoscendole, però, c'è un altro motivo che alla fine probabilmente ha scoraggiato le due sorelle. Accettando la scorta, avrebbero messo il divieto di sosta davanti al loro negozio, creando inevitabilmente dei disagi ai residenti della via. Sembra strano, ma al desiderio di far conoscere la loro storia si contrappone il pudore di non voler apparire e, soprattutto, la voglia di non disturbare troppo. Credo per paura che qualcuno possa fraintendere il senso della loro lotta e scambi un provvedimento, preso per questioni di sicurezza, per privilegio. È una preoccupazione che accomuna spesso le persone che denunciano i mafiosi.

Ma ecco la mia articolata domanda finale riguardo alla paura: "Ma non avevate paura?".

La risposta di Savina, con il consueto tono un po' indispettito, come per dire "ma che domande fai?": "Certo che avevamo paura. Abbiamo cominciato ad averla seriamente quando il genero di Lo Sicco nel '91 sparì per lupara bianca. Ma che dovevamo fare? Chi pecora si fa, il lupo se la mangia!".

Fusti e cuscini, ecco il supermarket della minaccia

A questo punto, riportiamo la lista dettagliata delle denunce presentate dalle sorelle Pilliu negli anni.

1 maggio 1993: sul muro del negozio compare la scritta "Pilliu, la grascia continua" che significa "Pilliu, lo sporco continua"; contattata la polizia, interviene anche la scientifica.

23 agosto 1993: telefonata della ditta A.C. per il montaggio di porte blindate presso l'abitazione di via Croce Rossa 113 a seguito di richiesta telefonica mai effettuata dalla famiglia Aresu-Pilliu.

26 agosto 1993: si presenta la ditta di traslochi L.M. (mentre la famiglia Aresu-Pilliu si trova in Sardegna) per effettuare il trasloco dei mobili dell'appartamento della famiglia Aresu-Pilliu, a seguito di richiesta telefonica mai effettuata dalla famiglia Aresu-Pilliu.

4 ottobre 1993: in mattinata si presentano degli operai per effettuare la consegna di alcuni fusti di calce presso l'esercizio commerciale a seguito di richiesta telefonica mai effettuata dalla famiglia Aresu-Pilliu.

Nel primo pomeriggio si presenta un operaio per effettuare la consegna di quattro fusti di calce e altrettanti di tonachina presso l'abitazione di via Croce Rossa 113 a seguito di richiesta telefonica mai effettuata dalla famiglia Aresu-Pilliu.

Nei giorni seguenti si registrano diverse telefonate e visite di ditte che chiedono di effettuare svariati servizi (spurgo fogna, derattizzazione ecc.) a seguito di asseriti contatti telefonici, mai effettuati dalle Pilliu.

5 giugno 1996: consegna di alcuni fusti di calce presso il negozio di via del Bersagliere 5 alla presenza dei carabinieri chiamati sul posto.
20 giugno 1997:
ore 9.00: consegna di una confezione di uova;
ore 9.20: consegna di tre fusti di calce della ditta R.C. di Sferracavallo presso il negozio di via del Bersagliere 5 alla presenza dei carabinieri chiamati sul posto;
ore 10.30: consegna di quattro fusti di calce della ditta M. presso il negozio di via del Bersagliere 5 alla presenza dei carabinieri chiamati sul posto;
ore 12.30: consegna di quattro fusti di calce e due di tonachina di una ditta di Palermo presso il negozio di via del Bersagliere 5;
9 giugno 1999: si presentano presso l'abitazione di via Croce Rossa 113 due agenti di un'agenzia immobiliare di Palermo, per periziare le case site in via Leoni n. 6, 8, 14 e 16, a seguito di richiesta telefonica mai effettuata dalla famiglia Aresu-Pilliu.
15 giugno 1999: si presenta presso il negozio di via del Bersagliere 5 un agente immobiliare per periziare le case site in via Leoni n. 6, 8, 14 e 16, a seguito di richiesta telefonica mai effettuata dalla famiglia Aresu-Pilliu.
15 giugno 1999: telefonata ricevuta al recapito telefonico del negozio di via del Bersagliere 5 da parte di un'agenzia immobiliare per periziare le case site in via Leoni n. 6, 8, 14 e 16, a seguito di richiesta telefonica mai effettuata dalla famiglia Aresu-Pilliu.
18 giugno 1999: si presenta presso il negozio di via

del Bersagliere 5 un agente immobiliare di un'altra agenzia per periziare le case site in via Leoni n. 6, 8, 14 e 16, a seguito di richiesta telefonica mai effettuata dalla famiglia Aresu-Pilliu.

18 settembre 1999: ritrovamento di due rose presso il negozio.

10 ottobre 1999: telefonate anonime all'utenza privata segretata della famiglia Pilliu.

15 aprile 2000:

ore 9.00: consegna di quattro fusti di calce presso il negozio di via del Bersagliere 5 alla presenza dei carabinieri chiamati sul posto;

ore 12.30: consegna di altri quattro fusti di calce presso il negozio di via del Bersagliere 5 alla presenza dei carabinieri chiamati sul posto;

Primi di settembre del 2000: annunci di locazione degli immobili di proprietà della famiglia Aresu-Pilliu su diverse riviste specializzate mai richiesti dalla stessa.

7 gennaio 2006: alle 11.10 un taxi si reca nel negozio in via del Bersagliere 5, avendo ricevuto la chiamata con il cognome Pilliu.

13 gennaio 2006: alle 19.11 la ditta C. vuole consegnare una bombola di gas asserendo di aver ricevuto l'ordine via telefono dalle Pilliu.

16 settembre 2006: consegna di fusti di calce presso l'esercizio di via del Bersagliere 5.

28 dicembre 2006: di pomeriggio, sia nel negozio di via del Bersagliere 5 sia nell'abitazione di via del Bersagliere 75, dei fattorini vogliono consegnare alla famiglia Pilliu, da parte dei condomini, dei cuscini di fiori listati a lutto.

8 gennaio 2007: di mattina, nel negozio di via del Bersagliere 5, altre due consegne, sempre da parte dei condomini, di cuscini di fiori listati a lutto per la famiglia Pilliu.
7 maggio 2007: ore 17.10 e 19.15 consegna di cuscini funebri, presso il negozio di via del Bersagliere 5, per la famiglia Pilliu da parte dei condomini.
Ovviamente i residenti nel palazzo non ne sapevano nulla, era solo un modo per far sentire più sole le sorelle Pilliu. Sulle minacce c'è un breve cenno nella sentenza del 2008 di condanna definitiva in Cassazione per Pietro Lo Sicco. Pur restando fermo che il costruttore non è mai stato indagato o condannato per questi episodi, vale la pena riportare quel che scrive la Corte: "Significativa in tal senso è la vicenda della acquisizione da parte del Lo Sicco di alcune aree edificabili, in particolare quella di via del Bersagliere, ottenute dall'odierno ricorrente con l'intermediazione di soggetti legati alla consorteria mafiosa che avevano ripetutamente invitato i proprietari dell'area interessata a trovare un accordo con il Lo Sicco per il trasferimento delle quote di loro proprietà; ed a tal proposito la Corte territoriale ha rilevato come l'invito alla 'ricerca di un accordo' conteneva una implicita e larvata minaccia, siccome confermato dalle scritte ingiuriose e dall'invio di fusti di calce – che nel codice mafioso costituisce esplicitazione inequivocabile di un contesto assolutamente intimidatorio – alle due donne, Pilliu Maria Rosa e Pilliu Savina, che a tali sollecitazioni non avevano aderito".

Condominio bollente

Mentre le sorelle Pilliu lottano in tribunale e ricevono minacce anonime, cosa accade nel palazzo di piazza Leoni?

Lo Sicco termina i lavori e comincia a vendere gli appartamenti che, alla fine del 1993, sono quasi tutti occupati. Il sistema di vendita è quello dei contratti preliminari con i quali la Lopedil di Lo Sicco si impegna a vendere l'appartamento. L'acquirente paga solo un anticipo e intanto prende possesso della casa in attesa del rogito definitivo.

Tra i "promittenti acquirenti" che hanno siglato il preliminare troviamo la figlia del boss Stefano Bontate, deceduto nel 1981. In due appartamenti vanno ad abitare i figli di due fratelli condannati per traffico di droga al maxiprocesso. Il nonno dei due giovani cugini era considerato molto vicino a Stefano Bontate e fu ucciso nel 1988, sette anni dopo il suo boss.

Poi c'è la figlia del costruttore Lo Sicco, rimasta vedova nel 1989. E ci sono anche personaggi come Salvatore Aragona, medico di Altofonte, che poi si scoprirà essere in ottimi rapporti con il boss Giovanni Brusca. Quando era un insospettabile chirurgo, Aragona prende un appartamento con il contratto preliminare nel palazzo di Lo Sicco. Poi Aragona è stato condannato per concorso esterno in associazione mafiosa per aver falsificato la cartella medica di Enzo Brusca, su richiesta di Giovanni Brusca per permettere al fratello più piccolo di procurarsi un alibi.

Brusca jr è diventato famoso quando ha raccontato, da collaboratore di giustizia, come ha strangolato e sciolto nell'acido – cinque mesi prima di essere arrestato, nel gennaio del 1996 – il piccolo Giuseppe Di Matteo, sequestrato dai corleonesi a dodici anni nel 1993 per convincere il padre Santino, pentito, a ritrattare.

Il dottor Aragona fornì a Enzo Brusca un alibi su richiesta di Giovanni. E proprio Giovanni Brusca in persona – l'uomo che ha schiacciato il pulsante del telecomando della strage di Capaci costata la vita al giudice Giovanni Falcone, alla moglie e a tre agenti della scorta – occupava un appartamento nel palazzo di Lo Sicco.

Brusca aveva comprato tramite un prestanome un appartamento al secondo piano. Ci era andato anche a vivere. Però – come ha raccontato al processo – nel 1995 lasciò la casa perché era divenuta pericolosa: la Dia aveva messo nel mirino il suo prestanome e Brusca temeva che arrivasse anche in piazza Leoni per fare una perquisizione. Perciò preferì lasciare la casa chiedendo al suo uomo di farsi ridare i soldi da Lo Sicco. Il costruttore comunque sostiene di non aver mai conosciuto Brusca.

Il collaboratore di giustizia Gioacchino La Barbera – condannato insieme a Giovanni Brusca per la strage di Capaci – ha riferito di aver accompagnato nel cantiere sia Brusca sia Leoluca Bagarella, allora al vertice di Cosa Nostra. Anche lui voleva prendere un appartamento in piazza Leoni. Brusca al processo ha raccontato: "Con Bagarella siamo andati a vederlo, c'ero io con una macchina e Bagarella con un'altra, siamo andati a vederlo di sera, ma più che altro per scegliere i piani, perché ancora erano grezzi, cioè erano in costruzione".

Il cognato di Totò Riina poi decise di soprassedere perché due latitanti in uno stesso palazzo erano troppi. Provate a immaginare quindi la scena: mentre le sorelle Pilliu sfidano pubblicamente Lo Sicco per i suoi abusi e fanno una gran caciara chiedendo al comune di demolire i suoi appartamenti, proprio lì, a due passi dal loro negozio, nel medesimo palazzo, a vedere quegli appartamenti che loro chiedono di abbattere entrano tipini come Bagarella, Brusca e La Barbera.

Quest'ultimo arriva in piazza Leoni nel 1992 con la sua auto portando due ignoti acquirenti che in realtà sono i capi della mafia stragista. Poi magari con la stessa Lancia Delta il 23 maggio 1992 pedina la Fiat Croma blindata di Falcone dall'aeroporto a Capaci.

Proprio La Barbera ha dato la "battuta" a Brusca che stava appostato con il telecomando sulla collina.

"Mi ricordo," ha detto La Barbera al processo contro Lo Sicco nel dicembre del 1999, "Brusca lì sul posto. Mi ricordo che con il capocantiere stava cercando di far modificare un appartamento per essere appunto comunicante, che in caso di qualche sopralluogo delle forze dell'ordine riusciva a scappare o per riuscire a nascondersi dentro l'appartamento, perché stava studiando un'intercapedine per trascorrere la latitanza e in caso di un sopralluogo delle forze dell'ordine riuscire a nascondersi o a scappare."

La Barbera ha raccontato ai giudici che Lo Sicco "aveva un problema con il comune di Palermo, mi ricordo che sempre in quel periodo, su sollecitazione sempre di Lo Sicco, voleva che si interessava lo stesso Brusca, siccome aveva conoscenze al comune di Palermo, per fare costruire 'sta strada per arrivare fino al palazzo, una strada interna, mi ricordo".

Nel palazzo di Lo Sicco poi comprano con il contratto preliminare anche persone comuni come la compagna di un avvocato che è stato socio di Renato Schifani nei primi anni novanta in una società mai attiva, la Gms. Ci sono poi un manager pubblico di grandi società di trasporti siciliane e nazionali, una signora che lavora nella segreteria del Tribunale amministrativo regionale. Insomma, tante famiglie comuni della Palermo bene, che hanno comprato casa in quel palazzo scegliendolo per la bellezza del punto in cui sorge.

I promittenti acquirenti degli appartamenti minacciati dalla battaglia delle sorelle Pilliu che puntava alla demolizione del palazzo presentano ricorso al Tar. Il professore di Diritto che difende molti di loro è Nunzio Pinelli, cofondatore dello studio Pinelli Schifani, insieme all'ex presidente di Forza Italia Renato Schifani. Quando è stato eletto senatore nel 1996, Schifani ha lasciato l'associazione professionale ma lo studio si chiama ancora così perché c'è come socio il figlio Roberto, oltre al figlio di Pinelli, Giuseppe.

Nunzio Pinelli ha difeso davanti al Tar le ragioni dei promittenti acquirenti che hanno presentato la richiesta di condono nel 1995, sulla base di una legge del 1994 del primo Governo Berlusconi.

La legge da un lato dava diritto al condono, anche per grandi cubature, se la concessione era annullata. Dall'altro, però, prevedeva un'eccezione: non era possibile nessuna sanatoria in caso di condanna del costruttore per fatti di mafia.

Quando fu emanata, nel 1994, Lo Sicco era incensurato. Però il comune dopo il rinvio a giudizio sospese la pratica. Tutti quelli che avevano già firmato il preliminare e pagato l'anticipo fecero ricorso al Tar contro lo stop al condono.

Tra i clienti di Nunzio Pinelli c'era anche la figlia di Stefano Bontate. Oggi è una professionista stimata. Non ha nulla a che fare con gli ambienti del padre, che ha perso quando aveva tredici anni. Aveva stipulato un contratto preliminare con il costruttore amico del padre quando era giovane. Sempre gentile con le sorelle Pilliu negli anni in cui ha abitato in piazza Leoni, alla fine ha dovuto lasciare l'appartamento. Come tutti quelli che avevano in mano solo il preliminare, non è riuscita a farsi riconoscere dai giudici il diritto a comprare.

Anche i due cugini che vivono da decenni in due appartamenti diversi nel palazzo non sono riusciti a farsi riconoscere dai giudici il diritto di comprare. I due cugini, figli di due narcotrafficanti, non hanno mollato gli appartamenti occupati dalle loro famiglie. Hanno presentato due ricorsi (uno dei due a nome della moglie) per avere il condono, ma nel 2000 hanno perso il giudizio al Tar. Poi sono stati arrestati entrambi nei primi anni duemila.

Le famiglie sono rimaste negli appartamenti come inquiline. Così poi hanno presentato offerte in modo pienamente legale per comprare all'asta le case. Un appartamento è stato acquistato dai figli incensurati. Mentre per quello più bello, l'attico e superattico da 400 mq con vista sul parco della Favorita, è stata presentata l'offerta dalla sorella dell'inquilino. Tuttavia l'acquisto non è stato ancora finalizzato perché, dopo il pagamento dell'acconto nel 2020, il prezzo spuntato all'asta non è stato saldato nei termini.

Un avvocato importante

Il ruolo di Renato Schifani e del suo studio legale (con Nunzio Pinelli) è stato molto importante nella storia del palazzo di piazza Leoni. Se il palazzo è in piedi lo si deve anche alla vittoria del 1995 nel giudizio davanti al Tar di Palermo della Lopedil di Lo Sicco, difesa in quella causa proprio dallo studio Pinelli Schifani.

Il 13 dicembre 1992 il comune sospende i lavori. Poi con altri atti rigetta la richiesta di variante presentata dalla Lopedil, annulla pure la concessione edilizia e ordina la demolizione. Il palazzone sembra spacciato ma arrivano i nostri, si fa per dire, meglio forse chiamarli "i loro".

Lo studio Pinelli Schifani guida la riscossa della Lopedil e presenta una raffica di ricorsi al Tribunale amministrativo regionale. Schifani in persona si muove dal suo studio per andare a difendere quasi fisicamente il palazzo. Quando il Tar Sicilia ordina un sopralluogo per capire se davvero il palazzo sia stato costruito troppo a ridosso della particella 95 intestata in parte anche alla mamma delle sorelle Pilliu, il 4 novembre 1993 si presentano sul posto Pietro Lo Sicco, allora costruttore ricco e non indagato, e il suo avvocato, Renato Schifani, principe del foro amministrativo e civile e non ancora senatore della Repubblica.

La tesi sostenuta davanti al Tar dagli avvocati Schifani e Pinelli è che la demolizione delle casette da parte di Lo Sicco "avrebbe solo anticipato gli esiti di un intervento di pubblica utilità, cui istituzionalmente era ed è tenuta l'amministrazione comunale". In sostanza Lo Sicco sarebbe quasi un benemerito che si è sostituito alle ruspe del comune.

Il piano regolatore stabiliva che di lì passasse una strada. Gli avvocati Schifani e Pinelli nella loro difesa svalutano l'annullamento della concessione per rispettare la legge con l'aggettivo "mero". La tesi dei due legali è che "il mero ripristino della legalità violata" non deve essere visto come un bene in sé. Anzi: l'interesse dello Stato in piazza Leoni non sarebbe quello di annullare la concessione data sulla base delle dichiarazioni false del costruttore. No, l'interesse pubblico sarebbe coincidente proprio con quello di Lo Sicco a mantenere in piedi concessione e palazzo. La ragione?

Per i legali, comunque, le casette devono essere distrutte per far passare di lì una strada pubblica. Se Lo Sicco ha sostenuto il falso dicendo di essere proprietario di cose e case non sue, giurando che le avrebbe distrutte, cosa volete che sia?

Il 9 dicembre 1994 Schifani in udienza a Palermo difende le ragioni di Lo Sicco. Il Tar – a sorpresa – dà ragione alle tesi di Schifani e Pinelli. Nonostante Lo Sicco si sia dichiarato proprietario di casette e terreni che non erano suoi, nonostante abbia costruito senza rispettare le distanze dall'abitazione della mamma delle sorelle Pilliu, va tutto bene. Nessuna demolizione. Nessun annullamento della concessione. Di più: i giudici annullano il provvedimento del comune contro il palazzo. Si resetta tutto. La concessione della Lopedil è valida.

Nel verdetto si legge che le casette prima o poi devono essere abbattute perché "la particella 95 è destinata dal Piano regolatore generale di Palermo a sede stradale previa demolizione delle fabbriche attualmente ivi esistenti". Quindi lo stabile, pur non rispettando le distanze, resta in piedi.

La sentenza del 23 gennaio 1995 sana, per il momento, l'illegalità del palazzo della Lopedil di Lo Sicco. Il comune e la mamma delle Pilliu ricorrono in Appello. Il 17 ottobre 1996 finalmente il Consiglio di giustizia amministrativa siciliana, in secondo grado, annulla la sentenza del Tar Sicilia e ristabilisce la legge: la concessione è annullata perché Lo Sicco si era impegnato a distruggere le casette dichiarando che fossero sue senza che lo fossero davvero. Dunque la ruota gira ancora e l'ordinanza di demolizione ritorna in vita.

Il primo agosto 1994 viene arrestato, per altre vicende, l'assessore all'Edilizia privata Michele Raimondo, che nel 1995 muore per un infarto.

Intanto le sorelle Pilliu cercano di avere giustizia. I carabinieri della Compagnia di San Lorenzo guidati da Vincenzo Nicoletti fanno un ottimo lavoro e consegnano nel giugno del 1995 un'informativa nella quale segnalano reati di Lo Sicco e vari funzionari della Sicilcassa che aveva concesso il mutuo e delle compagnie che avevano garantito la fornitura dei servizi idrici, telefonici ed elettrici a un palazzo illegale. La linea dura non è condivisa in procura. Il procedimento penale contro il costruttore per due volte rischia di finire archiviato. Infatti, il pm titolare, l'attuale procuratore di Messina Maurizio De Lucia, con gli elementi che ha in mano non se la sente di andare a processo e per due volte presenta richiesta di archiviazione. La seconda nell'aprile del 1996.

Savina Pilliu non ci sta. L'avvocato la molla sconsolato, ma lei il 13 aprile 1996 si scrive da sola l'opposizione all'archiviazione. Per fortuna esiste un giudice a Berlino ma anche a Palermo e il 24 aprile 1996 il Gip Vincenzina Massa le dà ragione, ordinando al pm Maurizio De Lucia di iscrivere Lo Sicco in concorso con vari funzionari per falso, truffa e abuso d'ufficio.

Il 4 aprile 1997 il giudice lo rinvia a giudizio, ma a suo carico c'è anche l'accusa di corruzione. Nel gennaio di quell'anno c'è stato infatti un colpo di scena: è venuto fuori un supertestimone che accusa Lo Sicco e conferma molto di quanto le Pilliu vanno sostenendo da anni.

Il personaggio chiave che entra in partita è uno che le cose le sa, essendo il nipote del costruttore: Innocenzo Lo Sicco, figlio del fratello maggiore di Pietro.

Dopo aver lavorato con lo zio, più vecchio di solo un anno, nei primi anni novanta si è messo in proprio con un cantiere in corso dei Mille. Subito però finisce nelle grinfie dei boss della zona: i fratelli Graviano. All'inizio Innocenzo cede alle loro richieste. Non è facile ribellarsi: i fratelli Graviano sono i capi del mandamento di Brancaccio e sono stati condannati come mandanti delle stragi del 1992 (Falcone e Borsellino), per l'omicidio di don Pino Puglisi nel settembre del 1993, per le stragi del "Continente": dieci morti tra maggio e luglio del 1993 tra Firenze e Milano, più danni inestimabili alle basiliche di Roma e l'autobomba esplosa contro Maurizio Costanzo che si salva per miracolo insieme a Maria De Filippi.

Un giorno, con una scusa, un leale scudiero dei Graviano prende il figlio di Innocenzo Lo Sicco per un paio d'ore e poi lo riporta. Lui è Vittorio Tutino, in seguito condannato per la strage di via D'Amelio perché ha rubato insieme a Gaspare Spatuzza la Fiat 126 e portato personalmente l'antennina del telecomando per farla saltare in aria. Innocenzo Lo Sicco quel giorno inizia a pensare che deve denunciare, ma è quella la Palermo con la quale deve fare i conti.

Dal 1963 iscritto alla Sezione Libertà di Palermo della Fgci, Innocenzo Lo Sicco è un uomo di sinistra – oggi è un renziano sfegatato che si fa riprendere davanti al Nazareno mentre litiga per strada con Gianni Cuperlo, per difendere il suo Matteo –, un tipo creativo e ottimista, ben diverso dallo zio. Però lo ha seguito negli affari. Ha poi provato a far da solo, ma è finito dalla padella dello zio nella brace dell'estorsione dei Graviano.

A differenza dello zio, vuole cambiare la sua vita e la sua città.

Quando denuncia i Graviano e diventa l'uomo più scortato dopo il procuratore Gian Carlo Caselli a Palermo, il grande giornalista di "Repubblica" Giuseppe D'Avanzo gli dedica un articolo molto bello dal titolo *L'uomo chiamato Palermo*. Il 7 gennaio 1997 Innocenzo Lo Sicco varca il portone della questura di Palermo e chiede di parlare con Luigi Savina, il capo della squadra mobile.

A distanza di ventiquattro anni, il 7 gennaio scorso Lo Sicco ha scritto un lungo post su Facebook per rievocare quel giorno. Qui ne pubblichiamo alcuni passaggi perché è una bella testimonianza di come si può sconfiggere la mafia: "A quel tempo ancora non esisteva la protezione per i testimoni. Vivevamo con i militari a casa. Militari sotto casa, auto blindate e scorte e tanto odore di armi. [...] Arriviamo al giorno dell'apertura del processo, presso l'aula bunker. Strade bloccate, sirene e tante armi, finanche il supporto di un elicottero che dall'alto sorvegliava il nostro percorso verso l'aula bunker. Sono stato presente a tutte le udienze, le mie deposizioni sono durate per una settimana, ho affrontato tutte le domande dei giudici e delle difese, portato ulteriori prove, anche nuovi elementi a carico di qualche colletto bianco. Loro, i mafiosi, chi in gabbia, chi in collegamento da altre carceri, muti e silenziosi. Non ero più io ad avere paura, ma loro. Sono stati tutti condannati, i vari Graviano, Spatuzza, Tutino, Lupo e C., a circa centotrenta anni di galera. La mia vittoria si è completata anche sul piano civile: sono riuscito a recuperare quasi tutti gli appartamenti che mi erano stati estorti. Sono stato il primo imprenditore, dopo Libero Grassi, ad aver denunciato la mafia, a mandarli in galera, a riuscire a riprendermi tutti i miei beni estorti e, fatto più eclatante, a differenza di Libero Grassi, sono ancora vivo. La mia vittoria è stata totale. Sia sul penale che sul civile [...] penso che la storia vincente di uno che non ha cambiato le proprie generalità, anzi ne è orgoglioso, possa essere conosciuta".

Innocenzo Lo Sicco racconta tante cose al pm Domenico Gozzo. Anche i rapporti di Pietro Lo Sicco con i boss. Il 21 novembre 1998 lo zio è arrestato per concorso in associazione mafiosa. Gli sequestrano un patrimonio di 200 miliardi di lire. Sarà condannato in via definitiva nel 2008 a sette anni di reclusione per concorso esterno in associazione mafiosa anche sulla base delle dichiarazioni di dieci pentiti di mafia.

La coraggiosa scelta di Innocenzo Lo Sicco di farsi testimone di giustizia è importante anche per le sorelle Pilliu.

Il 26 gennaio 2000, al processo contro Pietro Lo Sicco, il nipote dichiara: "Ho seguito l'iter della concessione edilizia del palazzo di piazza Leoni e, per quanto è a mia conoscenza, l'impresa di mio zio, la Lopedil, non era in possesso di tutti i titoli di proprietà del terreno ma comunque è riuscita a ottenere la concessione grazie ai buoni uffici che mio zio intratteneva con personale dell'Edilizia privata. Quando io rientro a lavorare alle dipendenze di mio zio, a metà del 1989, trovo un progetto approvato dalla commissione comunale, allora presieduta dall'onorevole Raimondo [Michele, assessore all'Edilizia privata], anche in assenza del titolo di proprietà. Quindi l'accordo di cui io ero a conoscenza era che l'assessore Raimondo faceva approvare il progetto e, al rilascio dell'autorizzazione, il signor Lo Sicco avrebbe pagato una... non so se definirla una tangente o un riconoscimento all'assessore di 20-25 milioni di lire".

Così alle accuse originarie nate dagli esposti e dalle denunce delle sorelle Pilliu ora si aggiunge la corruzione. La mazzetta però non basta più all'assessore. Raimondo, tramite il solito amico degli amici, invia una richiesta più esosa: "Il costruttore Seidita, intimissimo amico di mio zio e amico anche mio, durante una riunione propose a mio zio [...] di cambiare quelli che erano gli accordi precedenti".

Il costruttore Seidita è stato spedito da un amico di Raimondo, il costruttore Cosenza, a fare la richiesta di "upgrading" della mazzetta in appartamento.

La deposizione prosegue così: "L'assessore mandava a dire, per il tramite del costruttore Cosenza, che aveva incaricato il costruttore Seidita, amico di Lo Sicco, di cambiare la richiesta [dei soldi] in un appartamento al piano attico del costruendo edificio che a quella data non riusciva a ottenere la concessione edilizia perché non era in possesso di tutti gli atti e i titoli di proprietà [...]. Dovendo iniziare i Mondiali di calcio anche a Palermo, l'assessore Raimondo mandò a dire con il signor Seidita al signor Lo Sicco di affrettarsi e, se voleva, di sostituire con un appartamento quello che era l'accordo precedente, che lui avrebbe fatto rilasciare comunque la concessione, perché c'era lo spauracchio che quell'area edificabile comprata da Pietro Lo Sicco potesse essere trasformata, con un'iniziativa dell'allora assessore Battaglia [Letizia], in parcheggio da asservire ai Mondiali di calcio".

Pietro Lo Sicco non ci sta. "Assolutamente non intendeva aderire a quella richiesta, ma soltanto mantenere quello che era l'impegno iniziale. A seguito di questo mancato accordo con l'assessore, Lo Sicco decide di muoversi in modo autonomo e mi riferisce che va a trovare l'avvocato Vicari, che era il capo settore dell'ufficio dove venivano verificati i titoli di proprietà all'Edilizia privata. Era lui che dava l'ok al rilascio e poi c'era il passaggio successivo, che era quello dell'assessore che doveva rilasciare la concessione. Lo Sicco mi raccontò che l'avvocato Vicari ha dato l'ok all'autorizzazione a patto che il signor Lo Sicco la tenesse conservata, ricordo le parole: 'chiusa in cassaforte' e tirata fuori solo dopo aver completato tutti gli atti di acquisto delle varie particelle che ancora mancavano per il completamento del lotto. Ha dato l'ok al rilascio della concessione che poi va alla firma dell'assessore."

Finalmente le sorelle Pilliu capiscono l'arcano. Così Pietro Lo Sicco ha risolto il problema della mancata titolarità dell'area che non era tutta sua ma in parte anche della loro mamma. Racconta però Innocenzo Lo Sicco che a un certo punto la pratica "storta" si ferma: "Qui succede una cosa fondamentale, l'assessore non firma la concessione e scrive grosso modo: 'verificare i titoli di proprietà' e rimanda la concessione indietro, non la rilascia".

Si potrebbe sperare in un sussulto di legalità negli uffici del comune. Qualcuno avrà finalmente detto che non si potevano calpestare i diritti delle sorelle Pilliu. No, nulla di tutto questo. La ragione dello stop è l'insoddisfazione dell'assessore. Prosegue Innocenzo Lo Sicco: "Quando io lo vengo a sapere dall'impiegato Sanfilippo, subito do notizia al signor Lo Sicco che c'era qualcosa che non andava perché l'assessore non aveva firmato la concessione e allora Lo Sicco corre all'Edilizia privata, parla con l'avvocato Vicari e Vicari riprende la concessione in mano e scrive grosso modo: 'verificati i titoli si può procedere al rilascio della concessione'. A quel punto la pratica torna dall'assessore".

Quando a ritirare la concessione si presenta il nipote e non il titolare, l'assessore la prende male: "Lui invece proprio con un gesto, proprio mi tira la concessione sottoscritta da lui, con un gesto così: 'Va be', la porti al signor Lo Sicco che poi vedremo'. Il signor Lo Sicco [lo zio Pietro] era nel corridoio dell'Edilizia privata che mi aspettava. [...] Quello che è a mia conoscenza era il fatto che lui in quella sede doveva dare all'assessore i famosi 20-25 milioni di lire. Per questo, secondo me, non si presentò Pietro Lo Sicco, per non dare quella somma che poi so essere stata comunque consegnata. Così mi disse il signor Pietro Lo Sicco".

Sulla base di questa frase, Pietro Lo Sicco sarà poi condannato per la corruzione dell'ormai defunto assessore Raimondo. Quello che accade dopo, secondo il racconto del superteste Innocenzo Lo Sicco, è che lo zio, per eccesso di presunzione, tira su il palazzo senza prima risolvere la questione con le sorelle Pilliu: "L'accordo tra l'assessore Raimondo e il signor Lo Sicco era, per quello che mi è stato riferito dal signor Lo Sicco, [...] di salvare l'area edificabile, di salvare la concessione e chiuderla in cassaforte e di tirarla fuori subito dopo che il signor Lo Sicco avesse completato la restante parte dei titoli che ancora mancavano. Ma questo accordo poi non è stato rispettato. Accadde invece inspiegabilmente che, qualche mese dopo che il signor Pietro Lo Sicco aveva la concessione, ha cominciato i lavori di sbancamento e demolizione e ci furono reazioni da parte dei proprietari. Principalmente da parte delle signorine Pilliu e di un certo Onorato che, addirittura, mi ha quasi menato. Perché io ero lì al cantiere e quello è arrivato, si è visto la casa mezza demolita e ha reagito contro di me. Anche La Manna [...] non voleva assolutamente sottostare alle imposizioni del signor Lo Sicco o di chi per lui [...]. Le reazioni ci sono state: intervento della forza pubblica, carabinieri, 113, polizia giudiziaria, tutto c'è stato in quel periodo. Era un viavai di forza pubblica con i proprietari che facevano le loro giuste lamentele e che volevano bloccare la concessione e che si ritrovavano in questa situazione che non riuscivano a bloccare. A quel punto l'avvocato Vicari è a mia conoscenza che è andato subito in escandescenza perché è venuto a sapere dell'inizio di questi lavori. Perché mi ricordo che il primo passo che fecero le signorine Pilliu è stato quello di rivolgersi all'Edilizia privata e chiedere come mai fosse stata data la concessione. Perché c'era il cartellone a margine del cantiere che raffigurava l'edificio e c'era anche il numero della concessione segnato. Queste signore si rivolgevano all'Edilizia privata per sapere come avessero rilasciato questa concessione anche se loro non avevano venduto e non avevano dato l'ok. E così l'avvocato Vicari è venuto a sapere ed è cominciata la diatriba, non so come definirla. Cioè, ha mandato a chiamare il signor Lo Sicco e lì sono cominciati a nascere i problemi con l'Edilizia privata e in particolare con l'avvocato Vicari, che, a quanto è a mia conoscenza, non aveva avuto nessun compenso per fare quella dichiarazione che era tutto a posto".

A questo punto, racconta sempre Innocenzo Lo Sicco, entra in scena l'avvocato Renato Schifani: "Il consulente legale del signor Lo Sicco [Pietro] è stato sin dall'inizio l'avvocato Marasà. Successivamente fu incaricato un altro legale, l'avvocato Renato Schifani. Schifani è stato messo a conoscenza da me personalmente della vicenda, di come si era svolta e di quale era stata la prassi. Perché io quasi tutte le mattine lo andavo a prendere e lo accompagnavo all'Edilizia privata dove lui metteva in atto il suo meraviglioso rapporto con l'avvocato Vicari e con l'assessore Raimondo per cercare di tamponare la vicenda. Questo accadde dopo che sono iniziati i lavori di sbancamento. Tenga presente, presidente, che io al 31 dicembre 1990 chiudo i rapporti con la Lopedil Costruzioni del signor Pietro Lo Sicco e, a quella data, si tamponava prendendo tempo, promettendo all'avvocato Vicari o all'assessore Raimondo che il signor Lo Sicco quelle due o tre o dieci particelle, adesso non ricordo, sarebbe stato lì pronto a perfezionarle nel giro di pochissimo tempo. E quindi si prendeva tempo perché Pietro Lo Sicco temeva la revoca della concessione. Subito dopo l'assessore Raimondo, è subentrato l'assessore Serradifalco che si è ritrovato questa pratica. E aveva da lamentarsi con me, quando io nei primi del 1991 cominciai un'attività in proprio. E così cominciai a frequentare l'Edilizia privata per le mie pratiche personali. Io avevo quindi un rapporto ottimale con quegli uffici e raccoglievo un po' i commenti perché allora suscitò un enorme scalpore questo fatto che l'impresa era riuscita a ottenere una concessione in assenza dei titoli di proprietà. E quindi cercavano loro stessi di giustificare come poteva essere successo. E una delle cose che ho raccolto dall'assessore Serradifalco era che mi diceva che aveva questa patata bollente e non sapeva come fare perché lui era costretto e cercava come meglio poteva di ovviare per non arrivare alla revoca della concessione o al blocco dei lavori. E comunque la revoca, per quanto è a mia conoscenza, non c'è stata. E neanche con l'assessore che è subentrato successivamente a Serradifalco, l'assessore Cascio, anche lui mi diceva le stesse cose: che aveva questa situazione e che non riusciva più a poterla tamponare perché era pressato anche dalle sorelle Pilliu che, a quanto pare, ogni giorno, mi diceva, erano lì all'Edilizia privata per cercare di... e intanto, per quello che era a mia conoscenza, perché ero fuori dall'impresa, i lavori nel cantiere continuavano alla grande. Sono continuati ininterrottamente. Anche alla Sicilcassa, che aveva erogato un mutuo, si è verificato quello che è successo all'Edilizia privata. Raccoglievo meraviglie, scalpore, notizie: 'Come è successo? Come mai siamo riusciti a erogare questa somma? E perché?'".

Il racconto del nipote del costruttore ci offre una testimonianza da "insider". Finalmente scoperchia il sistema dell'"edilizia privata" di Palermo contro il quale si battono le due sorelle Pilliu e la mamma Giovanna Aresu.

Gli ingranaggi dell'edilizia privata palermitana in quegli anni, talvolta oliati dalla corruzione, girano a meraviglia.

Sono le due sorelle a procedere contro mano in un sistema in cui tutti vanno in senso opposto. Con la loro pretesa di far rispettare la legge, sono il classico granello di sabbia che fa andare in tilt il motore che gira producendo calcestruzzo a pioggia. Durante la gestione di ben tre assessori diversi, queste sorelle tenaci non danno tregua: sollecitano gli uffici, la politica entra in fibrillazione e Lo Sicco è costretto a tamponare. Il costruttore cerca il colpo di teatro a modo suo. Un giorno si presenta negli uffici dell'Edilizia privata e finge di essere il cugino delle sorelle Pilliu. All'architetto Giovanni Airò Farulla che segue la pratica offre 200 milioni di lire. Quello lo caccia fuori dalla stanza e si mette a gridare. Lo Sicco è costretto a rivelare la sua vera identità e poi al processo dirà di averlo fatto perché sospettava che qualcosa non andasse in quegli uffici. È il marzo del 1992. Airò Farulla sporge denuncia e così la procura della Repubblica finalmente accende un faro su piazza Leoni. Poi verranno i colloqui delle sorelle con Borsellino, le denunce, le richieste di archiviazione e finalmente la svolta del nipote testimone.

Grazie anche ai verbali di accusa di Innocenzo Lo Sicco, il 19 febbraio 2001 il sistema Lo Sicco scricchiola: il tribunale lo condanna per tre reati (truffa, falso e corruzione) perché crede alle sorelle Pilliu e a Innocenzo Lo Sicco. Mentre lo assolve per il quarto reato, cioè l'abuso d'ufficio per il prestito da 10 miliardi di lire avuto dalla Sicilcassa perché quel tipo di mutuo non è agevolato dallo Stato e quindi non c'è possibilità di un abuso d'ufficio, cosa che presuppone la presenza di un pubblico ufficiale.

La sentenza, alla fine, condanna Lo Sicco a due anni e otto mesi, poi ridotti in Appello a due anni e due mesi per la prescrizione del falso, e al risarcimento alla mamma delle sorelle, Giovanna Aresu, per i danni subiti.

Il verdetto, confermato in Appello e in Cassazione, è una vittoria su tutta la linea. Nella sentenza si legge: "Lo Sicco è chiamato oggi a rispondere delle imputazioni [falso, corruzione e truffa] soltanto per la resistenza delle Pilliu-Aresu, che egli probabilmente pensava di aver tacitato come aveva fatto con altri proprietari, ovvero ricorrendo a offerte generose e a minacce più o meno velate". Come ha raccontato al processo Innocenzo Lo Sicco, le sorelle Pilliu non sono le sole proprietarie insoddisfatte del comportamento dello zio Pietro: "C'erano altre particelle che non erano nella proprietà di Pietro Lo Sicco. Per esempio una era di un certo Onorato. Un'altra particella era di un certo professor La Manna. [...] Questo La Manna se ne era fregato altamente delle varie intimidazioni che aveva ricevuto, che riceveva in quel periodo, ha preteso un prezzo abbastanza salato".

La testimonianza di Innocenzo Lo Sicco illustra anche come Renato Schifani abbia agito lecitamente da avvocato a difesa di quel palazzo: "Io so quello che mi ha detto l'avvocato Schifani [...]. L'avvocato mi disse come è stato salvato l'edificio facendolo entrare in sanatoria. Quando io ho iniziato la mia attività in proprio, Schifani era il mio avvocato. Pietro Lo Sicco si rivolse all'avvocato Schifani per la pratica del palazzo di piazza Leoni perché sapeva dei buoni uffici che intratteneva l'avvocato Schifani con l'allora assessore Michele Raimondo e con l'allora dirigente Vicari. Quindi per cercare un po' di riuscire a tamponare questa vicenda e tenuto conto che l'avvocato Schifani, almeno allora, era quotatissimo nel settore urbanistico e si diceva, e sicuramente lo era, una persona di massima competenza nelle pratiche edili. Quindi è la persona adatta. Sulla concessione edilizia ottenuta, l'avvocato Schifani ebbe a dire a me, suo cliente, che aveva fatto tantissimo ed era riuscito a salvare il palazzo di piazza Leoni facendolo entrare in sanatoria durante il governo Berlusconi perché fecero una sanatoria e lui è riuscito a farla pennellare su quella che era l'esigenza di questi edifici di piazza Leoni. Quindi era soddisfattissimo e me lo diceva con orgoglio di essere riuscito a salvare questa vicenda. Perché lo diceva a me? Perché io avevo messo a conoscenza l'avvocato Schifani quando era iniziato il rapporto col signor Lo Sicco di qual era l'iter, di qual era stata la prassi, di qual era la situazione, di come si era venuto a creare il rilascio della concessione".

Su questa e altre vicende Schifani viene indagato per concorso esterno in associazione mafiosa. Innocenzo Lo Sicco è risentito dai pm di Palermo e specifica meglio le sue affermazioni. Nel verbale del 6 luglio 2012, spiega anche la questione Pilliu:

"A.D.R. [A Domanda Risponde]: Nella concessione si rappresentava, contrariamente al vero, che i titoli di proprietà erano completi e relativamente alle particelle di proprietà Pilliu si faceva menzione di un atto notarile che, per quanto ne so, era inesistente. Dopo l'inizio della costruzione, vi furono varie liti con le Pilliu delle quali raccoglievo le lagnanze. Alla fine del 1990, per contrasti con mio zio, ho lasciato la Lopedil e mi sono messo in proprio.

A.D.R.: Nell'ambito di tale attività, ho continuato ad avere contatti con l'avvocato Schifani che era diventato mio legale e che mi assisteva nella mia attività di impresa.

A.D.R.: Intendo riferirmi a vicende, assolutamente legali, per le quali retribuivo l'avvocato Schifani con la somma di due milioni di lire ogni bimestre. Il mio rapporto con lo Schifani continuò fino al 1995, se mal non ricordo. Nell'ambito dei nostri contatti ricordo che, in una occasione, l'avvocato Schifani mi disse una frase che, approssimativamente, posso così riferire: 'Suo zio mi deve fare una statua d'oro, perché abbiamo modellato il condono per sanare l'edificio di suo zio'.

A.D.R.: Non so dire a chi si riferisce lo Schifani ma era notorio che lo stesso aveva agganci politici".

Poi Innocenzo Lo Sicco inizia a parlare dei rapporti tra Renato Schifani e Giuseppe Cosenza, proprio il costruttore che avrebbe chiesto (a nome dell'assessore Raimondo) al collega Seidita di chiedere a Pietro Lo Sicco di dare all'assessore stesso un appartamento nel palazzo invece di una semplice mazzetta.

In quel momento, quando Lo Sicco viene risentito nel 2012, la questione era delicata perché il collaboratore di giustizia Gaspare Spatuzza aveva raccontato di avere visto più volte Schifani che andava nella fabbrica di cucine di Cosenza a Brancaccio. Nello stesso periodo, grosso modo fino a luglio del 1992, Spatuzza – che allora era il custode dei capannoni – vedeva spesso in quel luogo anche Filippo Graviano, capo insieme al fratello Giuseppe del mandamento di Brancaccio di Cosa Nostra.

Spatuzza specificava che però non aveva mai visto chi incontrasse Schifani e non sapeva se avesse mai visto Graviano.

Quando queste notizie uscirono sulla stampa, Schifani dichiarò che non aveva mai visto né assistito come legale Filippo Graviano e che avrebbe trascinato in tribunale chiunque avesse insinuato una cosa simile. Ecco perché i pm palermitani chiedono a Lo Sicco qualche notizia sui rapporti tra il costruttore Cosenza e Schifani. E tra Cosenza e i boss di Brancaccio. Così risponde Innocenzo Lo Sicco:

"A.D.R.: Pippo Cosenza era cliente dell'avvocato Schifani, erano molto amici e si davano del tu. Il Cosenza era anche molto amico del Raimondo. Il Cosenza era socio del Seidita di cui sopra.

A.D.R.: Riguardo eventuali relazioni di Pippo Cosenza con esponenti mafiosi non so nulla di specifico. Posso solo dire che Vittorio Tutino [poi condannato in Appello nel 2020 all'ergastolo per la strage di via D'Amelio] me ne parlò come di persona 'affidabile' e che il Cosenza era solito frequentare la sala di trattenimenti di corso dei Mille dei fratelli Lombardo, notoriamente indicati come soggetti mafiosi".

Va detto che quelle sopra riferite sono solo le versioni di Innocenzo Lo Sicco e Gaspare Spatuzza. Comunque Schifani e il suo collega Pinelli allora erano gli avvocati che tutelavano al meglio gli interessi dei loro clienti, che all'epoca erano incensurati e insospettabili. Per i due legali, insomma, Lo Sicco e Cosenza (come anche gli inquilini del palazzo) erano normalissimi clienti da difendere in giudizio.

Alla fine, dopo questo esame a sommarie informazioni, i pubblici ministeri di Palermo chiedono e ottengono dal Gip l'archiviazione per Schifani, concludendo così riguardo alle affermazioni di Lo Sicco: "Relativamente all'episodio concernente i rapporti professionali fra l'avvocato Schifani e il costruttore Pietro Lo Sicco nella vicenda relativa alle sorelle Pilliu, l'assunzione a sit [sommarie informazioni testimoniali] del testimone di giustizia Lo Sicco Innocenzo, la cui intrinseca attendibilità è stata già verificata in numerosi procedimenti e che, pertanto, non è sospettabile di alcuna forma di parzialità o reticenza, ha consentito di chiarire, ancora una volta, l'episodio nei suoi esatti termini, che non evidenzia alcuna specifica condotta illecita ascrivibile all'odierno indagato".

7.
Tutto bene

"Savina, ma c'è stato un periodo in cui le cose sembravano andar bene?"

Savina ci pensa e la prima cosa che mi risponde è: "No".

Effettivamente, ripercorrendo "da fuori" la vicenda delle sorelle Pilliu, a volte si perde ogni briciola di speranza. Perché in una città che per molti versi ha completamente cambiato il suo approccio al fenomeno mafioso, tanto che ormai è possibile aprire un negozio senza pagare il pizzo, e con uno Stato che, pur con tutti i suoi limiti, è molto più preparato a proteggere chi denuncia e a contrastare il fenomeno mafioso, la loro storia sembra sia rimasta "incagliata" nel passato. È la scheggia impazzita che non si riesce a stabilizzare. Eppure, negli anni duemila succedono anche delle cose positive, nonostante si abbia sempre la sensazione di fare un passo (con fatica) avanti e due (facilmente) indietro.

Verso la fine degli anni novanta la storia delle Pilliu ormai era nota nel quartiere.

Ma, come a volte capita, chi denuncia non sempre

viene sostenuto e incoraggiato. Può succedere infatti di rimanere soli, anche in una grande città come Palermo. E così è successo alle protagoniste della nostra storia. Al diffondersi della notizia che le Pilliu si erano messe contro un costruttore legato alla mafia e che ricevevano quotidianamente gesti intimidatori, la clientela pian piano diminuì. La paura era di essere coinvolti in un attentato. La situazione si fece così grave che le due sorelle furono costrette a chiudere il negozio. Se a questo si aggiunge che le Pilliu ormai da anni pagavano le parcelle degli avvocati per mandare avanti le loro denunce, risulta evidente che sopravvivere era sempre più complicato. Eppure, anche se capisco la difficoltà di Savina nel riuscire a rammentare un periodo positivo, qualcosa di buono succedeva. E succedeva quando lo Stato si ricordava di essere lo Stato e i cittadini si ricordavano di essere parte attiva della società, e non passiva.

Non potendo infatti più sostenere le spese per l'affitto della loro abitazione, Savina, Maria Rosa e la madre cominciarono a cercare un'altra sistemazione. Non potevano certo tornare nel loro appartamento di famiglia perché semidistrutto, così fecero domanda per avere un appartamento sequestrato alla mafia.

Riuscirono, quindi, a ottenerne uno e proprio nel famigerato palazzo della discordia di Lo Sicco, ma in affitto, perché il palazzo all'epoca non era confiscato, ma solo sequestrato.

Certo, se le riunioni di condominio in situazioni normali sono abbastanza antipatiche, immaginatevi come dovevano essere in quel palazzo. Tra i condomini, come abbiamo detto, c'era un po' di tutto. Oltre a persone perbene, c'erano anche parenti di mafiosi, narcotrafficanti, killer di passaggio e, per non farsi mancare nulla, nel palazzo ha abitato persino Giovanni Brusca, detto "lo scannacristiani". Diciamo che, prima di protestare per il volume troppo alto della tivù del vicino, era più prudente sapere chi fosse questo vicino rumoroso. E il sospetto è che l'appartamento scelto dal latitante Giovanni Brusca fosse proprio quello concesso in seguito in affitto alle Pilliu. Infatti, nella parete della stanza da letto si trovava un passaggio ovale, comunicante con la scala B, chiaramente chiuso in un secondo tempo rispetto alla costruzione del muro.

Quando ho chiesto a Savina il perché abbiano deciso di andare proprio in quel palazzo, la sua risposta è stata abbastanza lineare: "Se dovevamo andare in un palazzo sequestrato alla mafia, almeno preferivamo andare dalla mafia che conoscevamo!".

Questa situazione, in realtà, permetteva loro di abitare a pochi metri dal negozio, la loro fonte di sopravvivenza, anche se in quel periodo non proprio redditizia.

Ma l'anno dopo arrivò una buona notizia: la Regione Sicilia le aveva riconosciute vittime di mafia. E una volta accertato che i loro problemi finanziari non erano altro che una conseguenza delle loro denunce, attingendo al fondo regionale antiracket ottennero un contributo di 310 milioni di lire che le avrebbe aiutate a ripartire. Questa somma, infatti, permise alle Pilliu di pagare i creditori e ristrutturare il negozio. Tra un fusto di calce e l'altro, insomma, riuscirono comunque a rimettersi in piedi.

Questo è l'unico periodo che Savina, pensandoci

bene, definisce buono. Ma non è solo una questione economica. Per la prima volta un importante pezzo dello Stato, come può essere la Regione, riconosce ufficialmente la loro denuncia.

Nel frattempo, anche la stampa nazionale comincia a occuparsi del caso.

Nel 2002 Marco, per "L'Espresso", scrive il primo articolo, per poi continuare negli anni seguenti con "il Fatto Quotidiano". Successivamente persino un settimanale olandese si interessa alla loro storia e decide di raccontarla. In anni più recenti io stesso chiedo alle *Iene* di occuparsene.

Nel settembre del 2004, un'altra buona notizia: Pietro Lo Sicco è condannato, in via definitiva, per truffa pluriaggravata, falso ideologico e corruzione.

Viene dunque riconosciuto colpevole per essersi spacciato di fronte al comune come proprietario delle case e del terreno che era invece della famiglia Aresu-Pilliu e per aver corrotto l'assessore all'Edilizia privata Raimondo. Lo Stato ha impiegato sedici anni per verificare che effettivamente quelle due palazzine non appartengono al costruttore legato alla mafia.

Se ci pensiamo bene, sarebbe bastato andare una mattina all'ufficio del catasto per scoprirlo. E così Lo Sicco non avrebbe certo avuto il tempo di corrompere un assessore e costruire un palazzo di nove piani. Eppure si è dovuto aspettare tanto tempo per acquisire una verità così lampante.

Le due sorelle a questo punto chiedono i danni materiali e morali. Quelli materiali, in questa fase, non vengono riconosciuti perché si sostiene che le palazzine non siano state danneggiate da Lo Sicco, ma perché si trovano sopra a delle cave "antropiche". Una motivazione quantomeno curiosa, se consideriamo come sono andati i fatti. Ovviamente le due sorelle fanno ricorso.

Sono però ammessi i danni morali, ma per stabilire a quanto ammontino bisognerà aspettare altro tempo.

Nel giugno del 2006, Addiopizzo organizza nel negozio delle Pilliu un pomeriggio di consumo critico: "Paga chi non paga!". Il ragionamento è semplice: se compriamo qualcosa in un negozio che paga il pizzo, indirettamente lo paghiamo anche noi.

È anche un modo per avvicinare il semplice cittadino a storie come quella delle due sorelle, che magari non tutti conoscono. Tra le paure di chi denuncia il suo estorsore c'è sempre, infatti, quella che il proprio "sacrificio" non venga riconosciuto dal resto della comunità. Nel caso delle Pilliu l'iniziativa ha molto successo: sono molti i "normali" cittadini che vi aderiscono e tanti non sono a conoscenza della loro storia. Meno presenti le istituzioni e i rappresentanti di categoria dei commercianti. Semplicemente... non ci sono.

Nel giugno del 2008 Pietro Lo Sicco viene condannato ad altri sette anni di carcere, per concorso esterno in associazione mafiosa. Le indagini che hanno portato a questa condanna sono partite proprio dalle denunce delle sorelle Pilliu.

Nel 2015, finalmente, vengono quantificati i danni morali, che però Lo Sicco non può pagare perché gli è stato sequestrato tutto il patrimonio. Vengono, però, risarcite dal fondo nazionale per le vittime di mafia con 218.000 euro. Quindi, ora proviamo a fare bene i calcoli: se Lo Sicco si dichiara proprietario dell'appartamento delle Pilliu nel 1988, questo risarcimento arriva undici anni dopo la condanna di Lo Sicco e ventisette anni dopo il reato, quando si è spacciato per unico proprietario delle due palazzine. Anni di lotte, denunce, discussioni, arrabbiature, per vedersi riconosciuto ciò che era ovvio.

Soltanto nel 2018, quindi trent'anni dopo l'inizio di tutta questa storia, le due sorelle riescono ad avere anche il risarcimento dei danni materiali, perché viene riconosciuto quello che era evidente, e cioè che a danneggiare le due palazzine non erano state certo delle cave "sotto terra", ma un colluso con la mafia "sopra terra". Ma, anche qui, tutto ciò che si dovrebbe avere per una questione di giustizia, o non lo si ottiene oppure lo si ottiene ma solo a prezzo di tanta fatica.

8.
Tutto male

Quindi, anche se per natura sono pessimiste, c'è stato un momento in cui le cose sembravano andare bene per le sorelle Pilliu. Insomma, vincono su tutta la linea.

Il decennio positivo è quello che va dal 2000 al 2010, periodo in cui le sorelle hanno il vento in poppa. Nell'agosto del 2000 l'appartamento che quasi certamente era stato occupato dal boss Giovanni Brusca dentro al palazzo illegale viene affittato dal custode giudiziario proprio a loro. In pratica è un po' come se "le sorelle dell'antimafia" riuscissero a conquistare il palazzo del nemico.

Il costruttore Pietro Lo Sicco capisce che per lui si tratta di una sconfitta. Nel 2000, a un giornalista chiede retoricamente a che titolo le sorelle abitino nel suo palazzo, all'epoca solo sequestrato. Le Pilliu gli rispondono per le rime: hanno stipulato un contratto con il custode nominato dal tribunale, non stanno certo lì a sbafo, pagano un affitto di circa 700 mila lire al mese.

Nel 2000 il costruttore viene condannato in primo

grado per concorso esterno in associazione mafiosa e nel 2001 per falso, truffa e corruzione.

Le sorelle stanno vincendo.

Il 25 ottobre 2001 "Repubblica" racconta così la loro storia simbolica: "Si riaprirà sabato il negozio di generi alimentari delle sorelle Maria Rosa e Savina Pilliu, testimoni contro Pietro Lo Sicco (condannato a sette anni per concorso in associazione mafiosa), parte civile contro lo stesso imprenditore per una vicenda di truffa e corruzione di cui sono state vittime dirette. Le sorelle Pilliu hanno dato battaglia per dieci anni bussando alle porte dei giudici. Hanno avuto ragione delle loro denunce arrivando a un verdetto che le riconosce vittime. Con la sentenza in mano sono andate all'ufficio antiracket della Regione. Hanno ottenuto così un contributo intorno ai 300 milioni [di vecchie lire] che ha permesso loro di riavviare l'attività commerciale, saldare i creditori e rinnovare il locale che il padre aveva aperto sul finire degli anni cinquanta al numero 5 di via del Bersagliere".

Il 2 novembre 2001 Maria Rosa Pilliu annuncia la sua candidatura alle elezioni comunali con Rifondazione comunista: "Il mio sogno è quello di adoperare l'esperienza acquisita in questi anni a difesa della legalità in favore delle persone che sono tormentate dal racket e che non hanno la forza di ribellarsi". Purtroppo il vento spira da un'altra parte. Forza Italia fa il pieno di voti e Maria Rosa ne raccoglie appena 46.

Il 10 luglio 2002 è confermata la sentenza d'Appello contro Pietro Lo Sicco per concorso in associazione mafiosa.

Nel novembre del 2002 il tribunale di Palermo, con

una sentenza del giudice Monica Boni, accerta che il palazzo non rispetta le distanze dalle due casette delle Pilliu e deve essere abbattuto. Per l'esattezza dovrebbero essere "tagliati" dalla costruzione 8 metri e 6 centimetri al piano terra e 5 metri e 81 centimetri ai piani superiori.

Nel 2010, con sentenza poi divenuta definitiva, la Corte d'Appello interpreta diversamente le norme sulle distanze e stabilisce che l'edificio deve arretrare solo di 2,2 metri.

Comunque sia, resta il fatto che i balconi della scala che affaccia verso la proprietà Pilliu dovranno essere in parte demoliti.

Ci sarebbe un modo per eliminare il problema alla radice. Il solito: abbattere le casette.

Nel gennaio del 2005 si verifica effettivamente un crollo delle casette pericolanti. Nonostante il tribunale avesse ordinato alla Lopedil di puntellarle, non era stato fatto nulla.

Nel 2010 l'amministratore giudiziario della Lopedil, Luigi Turchio, spedisce alle Pilliu uno strano telegramma nel quale comunica l'intenzione di demolire le casette a spese delle Pilliu perché diventate pericolose dopo il crollo.

Le sorelle si precipitano dai carabinieri e fanno un esposto ricordando che "la demolizione degli immobili era l'obiettivo di Pietro Lo Sicco". Lo Stato insomma sembra schierarsi contro le casette simbolo della lotta per la legalità delle Pilliu. Se le sorelle avessero ubbidito, non ci sarebbe stato nessun problema di rispetto delle distanze. Niente case (legali) delle Pilliu, niente distanze, niente abbattimento del palazzo (illegale), tutti felici. Le sorelle non hanno abbattuto nulla e hanno vinto anche questa battaglia nonostante un giudice le avesse persino rinviate a giudizio per crollo colposo. Sono state prosciolte, come era ovvio. Perché, se quei due edifici sghembi, sopravvissuti alle ruspe di Lo Sicco, sono ridotti in quel modo e rischiano di cadere addosso a qualcuno, non è colpa loro.

Savina Pilliu racconta che un giorno in negozio un signore che lei conosce bene le ha riferito un aneddoto: "Il presidente della Repubblica Sergio Mattarella passando davanti a piazza Leoni ha detto: 'Ma possibile che non le buttano giù, queste case?'". Certamente è una delle tante leggende metropolitane riferita apposta per screditare la battaglia delle due sorelle.

Il presidente sa bene che lo Stato a piazza Leoni sta dentro le casette sghembe e legali e non nel palazzo bello e privo di concessione. E sa benissimo che forse lo Stato potrebbe fare qualcosa in più per risanare quelle case simbolo di una battaglia di legalità in un contesto molto difficile.

La madre di tutte le battaglie

Per le sorelle Pilliu la madre di tutte le battaglie è stata la causa civile contro la società di Pietro Lo Sicco volta a ottenere il risarcimento per i danni subiti dalle due casette per colpa delle ruspe azionate dalla Lopedil. Le sorelle chiedono al giudice il "risarcimento del danno patrimoniale conseguente al mancato utilizzo delle palazzine a far data dal 1990 sino a oggi e il risarcimento del danno provocato dal dissesto statico causato dalle demolizioni e dagli scavi alle palazzine di via Leoni", più i danni non patrimoniali "per la violazione del diritto costituzionalmente garantito di proprietà in favore delle signore Pilliu".

Il tribunale nel 2011 rigetta la loro domanda, ma per fortuna la Corte d'Appello ribalta tutto e condanna la società di Lo Sicco. La sentenza del 2018 diventa poi definitiva e riconosce che alle sorelle Pilliu spettano 658.934 euro oltre rivalutazione monetaria per il risarcimento dei danni patrimoniali, più 50 mila per ciascuna sorella per il danno non patrimoniale e infine 21 mila euro di spese legali.

Apparentemente le sorelle hanno vinto. Dovrebbero brindare. Dopo una battaglia trentennale possono finalmente incassare i soldi da quel costruttore prepotente che ha abbattuto le casette accanto e sopra le loro rendendole pericolanti. Certo, Lo Sicco ora non è più titolare della Lopedil, ma a maggior ragione – pensano le sorelle –, adesso che è lo Stato ad aver confiscato la società, siamo in una botte di ferro. E invece le cose vanno in tutt'altra direzione: la Lopedil, anche se è in mano allo Stato, non può pagare nulla alle sorelle. Perché la Lopedil non ha più nulla. I creditori hanno pignorato tutto.

Ma allora, chi sta incassando i proventi delle vendite del tribunale?

Vittime senza risarcimento e speculatori che incassano

Anche qui bisogna armarsi di pazienza perché la vicenda è, ancora una volta, kafkiana. Quando i giudici sequestrano e poi confiscano il patrimonio di Pietro

Lo Sicco non "apprendono" il palazzo ma le quote della società. Poiché questa era proprietaria del palazzo, non c'era bisogno di confiscare anche i singoli appartamenti. Tesi in teoria giusta ma come al solito il diritto è una strana bestia che produce effetti distorti.

Ricordate quando nel 1992, all'inizio della storia, avevamo raccontato come fosse riuscito Pietro Lo Sicco a costruire il suo palazzo? Si era fatto erogare un mutuo di 10,3 miliardi di lire dalla vecchia Sicilcassa sostenendo di essere proprietario dell'intera area di piazza Leoni.

Innocenzo Lo Sicco, il nipote del costruttore, raccontò al processo che i funzionari gli chiedevano stupiti: "Ma come ha fatto?". Ed effettivamente provate voi a chiedere 5 milioni di euro a una banca senza portare almeno carte veritiere che dimostrino che il suolo è tutto vostro. Insomma, tutti a Palermo sapevano che la Sicilcassa non aveva fatto il suo dovere concedendo un mutuo bislacco.

Tanto che all'inizio Lo Sicco era stato processato anche per abuso d'ufficio in concorso con funzionari ignoti della banca che avevano omesso "di porre in essere i dovuti accertamenti in ordine ai titoli di proprietà [...] consentendo in tal modo al Lo Sicco di realizzare un ingiusto profitto relativo alla concessione del mutuo edilizio di lire 10.308.000.000 erogato in data 12/5/1992". Per quello specifico reato, come detto, poi Lo Sicco era stato assolto perché il mutuo non era stato agevolato dallo Stato e quindi, se non c'erano di mezzo soldi pubblici, non poteva esserci alcun abuso d'ufficio.

Comunque sia, quel mutuo concesso sulla base di

carte false resta lì, buono buono, per vent'anni. Poi, come al solito, si risveglia giusto in tempo per colpire tra capo e collo le povere sorelle.

La Lopedil dovrebbe risarcire i danni alle Pilliu. Tuttavia, prima di farlo, si trova costretta a restituire il mutuo alla Sicilcassa.

Nel frattempo, però, la Sicilcassa ha ceduto il suo credito verso la Lopedil (di Lo Sicco) a un terzo: una società finanziaria di Milano, che di mestiere compra proprio i crediti delle banche in crisi e poi procede a riscuoterli.

La società finanziaria milanese vuole indietro i 10,3 miliardi di lire. La Lopedil, che ora è di proprietà dell'Agenzia dei beni confiscati alla mafia, ha solo il palazzo e la società finanziaria chiede al tribunale di metterlo all'asta. Risultato: le sorelle Pilliu non avranno nessun risarcimento dalla Lopedil.

Inoltre, gli appartamenti del palazzo stanno andando in vendita a uno a uno, per pagare non le povere sorelle ma la ricca finanziaria milanese.

La prefettura e il no senza ragione

Però non tutto è perduto. L'avvocato delle Pilliu trova una strada da percorrere per permettere alle sorelle di incassare i quasi 780 mila euro più interessi dovuti per i danni patiti in tre decenni di soprusi. Quella strada è il fondo per le vittime di mafia.

L'avvocato Giulio Falgares pensa di chiedere allo Stato di sostituirsi alla Lopedil per pagare quanto dovuto alle sorelle Pilliu dalla stessa società del costruttore sequestrata per mafia.

Il 6 marzo 2018 Falgares presenta alla prefettura di Palermo un'istanza di accesso al Fondo di rotazione per la solidarietà alle vittime dei reati di tipo mafioso. Nel suo atto garbato, per spiegare perché le sorelle hanno diritto a quel fondo, Giulio Falgares ripercorre tutta la storia assurda delle Pilliu, allegando una trentina di documenti tra sentenze, ordinanze e carte varie.

I danni, spiega Falgares, sono stati procurati da Pietro Lo Sicco, condannato in via definitiva per concorso esterno in associazione mafiosa. Nella sentenza di condanna si fa riferimento alle minacce subite dalle sorelle Pilliu. Nell'altra sentenza di condanna per corruzione, falso e truffa si dice chiaramente che, senza le sorelle Pilliu, quel processo non ci sarebbe stato. Anche il nipote del costruttore Lo Sicco, Innocenzo, ricorda nelle sue deposizioni che le sorelle avevano resistito alle pressioni e alle minacce. L'atto di Falgares però non convince il Comitato di solidarietà per le vittime dei reati di tipo mafioso. Così il 17 aprile 2019 tutte le domande delle Pilliu vengono rigettate. Perché?

Per il Comitato la legge del 1999 prevede una relazione tra il danno subìto e l'atto mafioso. Invece nel caso in questione, secondo il Comitato, non è stata la mafia a buttare giù le casette delle Pilliu ma un costruttore che poi, per altri fatti, è stato condannato per concorso con la mafia.

Il danno subìto da Lo Sicco c'è. Il reato di tipo mafioso accertato in sede penale da parte di Lo Sicco c'è. Non ci sarebbe "il nesso di causalità" tra il primo e il secondo. Tesi bislacca se si pensa che Lo Sicco usava le ruspe di un killer come Pino Guastella per sbancare il suo terreno e che proprio con Guastella aveva parlato di quelle sorelle che non volevano cedere. Senza considerare i rapporti con Bontate, l'appartamento comprato da Brusca e poi tutti gli altri soggetti poco raccomandabili che giravano per il cantiere come il boss di San Lorenzo Totuccio Lo Piccolo.

In compenso il tribunale ha riconosciuto Lo Sicco vittima di un'estorsione avvenuta nel 2013. Il costruttore si è costituito parte civile al processo conclusosi nel 2019 con la condanna a nove anni e mezzo per il boss che gli avrebbe chiesto 10 mila euro per la "messa a posto" in un cantiere per la costruzione di otto appartamenti.

Quando la sentenza di primo grado gli ha riconosciuto il risarcimento come vittima, Lo Sicco non ha potuto festeggiare. Era stato appena arrestato di nuovo, stavolta con l'accusa di associazione mafiosa ed estorsione aggravata. Per ragioni di età gli sono stati concessi i domiciliari e il processo di primo grado è ancora in corso.

Non deve stupire: nel mare di Palermo a volte gli amici degli squali sono costretti a fare il ruolo dei tonni contro uno squalo più grande, per poi magari tornare a fare gli amici di altri squali.

Comunque, quando le sorelle Pilliu hanno chiesto a Giulio Falgares se davvero non avrebbero avuto un euro nonostante la condanna che le riconosceva vittime di Lo Sicco e concedeva loro i danni per quasi 780 mila euro più interessi, l'avvocato non trovava le parole.

Il professionista palermitano ha dedicato tantissimo tempo alle mille cause di Maria Rosa e Savina. Le ha sostenute e ascoltate, oltre che difese, per decenni perché sa di essere l'ultimo baluardo delle sorelle sole contro l'ingiustizia dilagante.

Falgares sa che non può permettersi di cedere nemmeno di un millimetro. Deve combattere colpo su colpo nei giudizi civili, amministrativi e penali perché se molla lui è finita. Come l'ultima trincea prima del dilagare dei nemici, l'ultima zattera alla quale si sono attaccate le sorelle, dopo mille avvocati deludenti, Falgares tiene botta e non mostra segni di cedimento.

Sempre, anche di fronte allo scoramento di Maria Rosa e alla rabbia di Savina, ha risposto con la sua flemma da gran signore palermitano che ce l'avrebbero fatta. Avrebbero avuto dallo Stato quel che era loro dovuto.

Stavolta però ha difficoltà anche lui quando deve spiegare alle sorelle Pilliu che i soldi per il risarcimento non ci sono e che la prefettura non le ritiene vittime di mafia. L'avvocato è senza parole. Però accende il suo computer e a tempo di record scrive una citazione in giudizio contro la prefettura, cioè lo Stato.

L'ultimo ricorso

Il legale delle Pilliu prova a trascinare lo Stato in giudizio per costringerlo a rimangiarsi quell'assurda nota protocollo del 19/12/2018 con la quale la prefettura trasmette alle sorelle il no del ministero dell'Interno.

Falgares ricorda allo Stato che la Corte d'Appello di Palermo a pagina 14 della sentenza riconosce che "le Signore Pilliu, nonostante le minacce e i danneggiamenti subiti, non hanno desistito dal testimoniare nel processo" e che Lo Sicco era imputato per il reato di concorso esterno in associazione mafiosa.

L'avvocato ribadisce che nella sentenza è chiaro quel che ha fatto Lo Sicco: "Le costruzioni facevano parte di un filare di case di un'antica borgata che si sorreggevano l'una con l'altra (per mutuo contrasto) perché avevano in comune i muri portanti. Quindi il Lo Sicco demolì il corpo centrale, lasciò i due edifici laterali, indipendenti dal corpo un tempo unitario, sicché non si può residuare alcun dubbio che gli interventi demolitori abbiano inciso in modo decisivo sulla stabilità dell'intero edificio, determinandone il dissesto".

Se è chiaro che Lo Sicco è stato condannato per fatti di mafia ex articolo 416 bis e se è chiaro che "la ragione principale del crollo della palazzina delle Pilliu sia indissolubilmente legata al reato ex art. 416 bis c.p. per il quale è stato condannato, con sentenza passata in giudicato [...], e appare indubitabile che tale attività edificatoria, per i motivi sopra spiegati, ha certamente agevolato l'attività dell'associazione mafiosa, comportando indiscutibili vantaggi economici, e non solo, per Cosa Nostra (basti pensare alla latitanza di Brusca che per alcuni mesi ha alloggiato presso un appartamento dell'edificio costruito dal Lo Sicco, e ai diversi personaggi di 'rispetto' che hanno acquistato o richiesto tali immobili)", non si comprende come si possa negare alle sorelle Pilliu lo status di vittime di mafia.

A oggi, il tribunale di Palermo non si è ancora pronunciato, ma si tratta di un'ultima spiaggia. Anche perché le sorelle non avranno mai un risarcimento dalla Lopedil. Gli appartamenti del palazzo di piazza Leoni che potevano essere venduti per rimpinguare le casse sono stati quasi tutti pignorati dalla banca e ora vanno all'asta. Con l'ennesima beffa.

Lo "sconto Pilliu": meno 25 mila euro all'asta

Il 17 novembre 2015 il custode giudiziario e delegato alla vendita dei beni chiede a un ingegnere di fare una perizia per stabilire a che prezzo si possano vendere gli appartamenti. In teoria potrebbero essere abusivi perché il palazzo è stato costruito sulla base di una concessione edilizia annullata dal Consiglio di giustizia amministrativa nel 1996. Però – secondo il perito – c'è una richiesta di condono del 1995 per un appartamento che è stata accolta nel 2001. Merito di una norma del dicembre 2000 (frutto di un emendamento presentato da Forza Italia) che permette all'amministratore dei beni confiscati di riattivare il condono anche quando è scaduto. Quella sanatoria "pilota" secondo il perito potrebbe essere replicata per tutti gli altri appartamenti. Come è stato fatto una volta per l'attico di 300 mq sanato e venduto nel 2001, così potranno essere sanati e venduti gli altri appartamenti che hanno la richiesta di condono bloccata per la condanna di Lo Sicco.

Le sorelle Pilliu presentano un esposto in procura quando scoprono che il famoso condono "modello" sull'attico è stato riattivato anche se Lo Sicco pure lì aveva sostenuto falsamente che era titolare di proprietà non sue. Certo, la legge prevede in astratto che si possano condonare le case di chi compra all'asta, ma per le sorelle Pilliu c'è un limite: devono essere fatti salvi i diritti dei terzi, compresi i vicini.

Il punto è che il palazzo non solo è privo di concessione, ma è anche edificato troppo a ridosso delle casette. Faticosamente, come abbiamo visto, le Pilliu hanno vinto un altro processo per ottenere che sia arretrato, con relativo abbattimento, di 2,2 metri, per mantenere le distanze dalla loro proprietà come avrebbe dovuto fare ma non fece Lo Sicco.

Anche qui il perito del tribunale però trova la soluzione. Nella perizia calcola il costo di abbattimento dei balconi e dei terrazzi che sporgono troppo. Come se il palazzo fosse un vestito che si può scorciare, il perito ipotizza un taglio secco del cemento in più. Il costo dell'abbattimento per allineare il palazzo alle distanze legali sarebbe per l'ingegnere di 400 mila euro. Nella perizia si fa anche la divisione del costo totale per tutti gli appartamenti della scala A che andrebbero "segati" alla distanza giusta dalle casette. Alla fine sono 25 mila euro a testa. Nemmeno tanto.

Il risultato è grottesco: il tribunale permette di vendere gli appartamenti della scala abusiva perché troppo vicina alle casette. Inoltre li vende con lo sconto di 25 mila euro ad appartamento. L'unico effetto della battaglia trentennale di Maria Rosa e Savina è stato quello di far acquistare gli appartamenti a un prezzo più basso a chi li occupava magari dai tempi di Pietro Lo Sicco.

Così la società finanziaria che ha comprato i crediti della Sicilcassa incasserà lecitamente i milioni di euro dalle vendite, grazie al provvedimento del tribunale che ha dato via libera alla vendita all'asta anche degli appartamenti pignorati che non rispettavano le distanze.

Si dirà: il tribunale forse avrebbe potuto prima far sanare la questione delle distanze con le casette delle sorelle Pilliu e solo dopo dare il via libera alle vendite. Ma questi sono i ragionamenti che facciamo noi, comuni mortali. Invece i giudici, che conoscono le leggi meglio di chiunque altro, hanno preferito mettere subito all'asta tutti gli appartamenti. Anche se la concessione edilizia era stata annullata. E anche quegli appartamenti che una sentenza dello stesso tribunale considera costruiti a una distanza non regolamentare dalle casette ormai fatiscenti di piazza Leoni. Per il tribunale di Palermo far incassare milioni di euro a una società privata grazie alle vendite di appartamenti che ledono i diritti delle sorelle va benissimo. Purché si vendano con quello che potremmo chiamare lo "sconto Pilliu" di 25 mila euro. Sarà tutto giusto secondo le norme, ma a noi sembra un caso emblematico di quelle situazioni che i latini chiamavano *summum ius summa iniuria*, quando cioè l'applicazione del diritto in modo estremamente formale può produrre un'ingiustizia sostanziale.

La vicenda kafkiana dei due contratti per lo stesso appartamento

Alla vigilia di Natale del 2015 il signore che abita al piano di sopra (e con il quale spesso le sorelle già litigano per rumori e tipiche questioni condominiali) invia alle Pilliu una lettera raccomandata che, al di là dei termini più formali, è scioccante: "Cara Maria Rosa Pilliu, questa casa in cui state in affitto da quindici anni in realtà non è della Lopedil ora confiscata ma è mia. Per cortesia dovreste lasciarmela libera di tutte le vostre cose e sloggiare al più presto".

Le sorelle guardano quella lettera come se fosse uno scherzo ma non è il primo di aprile, è il 23 dicembre.

In realtà la vicenda, per quanto kafkiana, è reale e merita di essere spiegata.

Nell'agosto del 1996 il signor Giuseppe B. aveva comprato da Pietro Lo Sicco, in qualità di amministratore della Lopedil, il terzo piano del palazzo. Era uno dei pochi che non si era accontentato del preliminare stipulato nel 1994. Giuseppe B. aveva saldato con 350 milioni di lire e aveva trascritto l'atto definitivo. Ha approfittato della finestra tra la sentenza del Tar del 1995 che salva il palazzo e quella del Consiglio di giustizia amministrativa di secondo grado che annulla tutto.

Due mesi prima della sentenza, nell'agosto del 1996, il signor Giuseppe B. che abita lì dal 1994 con il preliminare, stipula dal notaio il suo bel rogito definitivo e lo trascrive in conservatoria.

Dall'agosto del 2000 Maria Rosa Pilliu intanto affitta dal custode giudiziario Luigi Turchio l'appartamento al secondo piano. Tutto fila liscio per quindici anni. Nel 2009 gli autori di questo libro vanno a passare una serata a casa delle sorelle Pilliu, senza sapere di essere in realtà (secondo lui, almeno) ospiti del signore al piano di sopra. Finché, nel Natale del 2015, Giuseppe B. scopre di abitare da ventun anni nell'appartamento sbagliato. Il costruttore Lo Sicco nel 1994 lo aveva portato a visionare quell'appartamento al piano terzo. Lui aveva fatto l'atto convinto, come Lo Sicco, di comprare quello. In realtà Giuseppe B. – stando alle carte – ha acquistato il piano sotto, cioè quello che probabilmente era stato occupato da Giovanni Brusca e che è stato affittato nel 2000 dall'amministratore Luigi Turchio proprio a Maria Rosa Pilliu.

Tutto nasce dal maledetto piano ammezzato. L'appartamento intestato nel contratto d'affitto a Maria Rosa Pilliu è quello già venduto, che al catasto è il terzo ma da sempre nel palazzo tutti lo chiamano "il secondo sopra l'ammezzato".

Nessuno si accorge di nulla fino a quando tutti gli appartamenti vanno in vendita all'asta per pagare il debito della società Lopedil nei confronti della Sicilcassa. E va in vendita anche quello occupato dall'ignaro Giuseppe B. che pensava di esserne il legittimo proprietario. Quando lo sfrattano, Giuseppe B. scrive alle sorelle la letterina di Natale chiedendo, come in un domino, anche a loro di sloggiare: "Tale immobile risulta da voi occupato *sine titulo* e non è stato ancora a oggi rilasciato e restituito ai legittimi proprietari".

Le sorelle Pilliu fanno subito causa contro Giuseppe B. e contro l'Agenzia dei beni confiscati alla mafia. Ammettono di occupare in forza di un contratto d'affitto l'appartamento che è stato ceduto da Lo Sicco nel 1996 a Giuseppe B., però sostengono che il contratto di compravendita stipulato allora è nullo "in quanto l'edificio di via del Bersagliere n. 75 in cui insiste l'unità immobiliare oggetto della compravendita è a oggi sprovvisto di concessione edilizia e le reiterate istanze di sanatoria sono state rigettate, alla luce delle gravi irregolarità urbanistiche".

L'Agenzia dei beni confiscati alla mafia si è costituita in giudizio sostenendo una terza tesi: è tutto a posto. Le sorelle avrebbero continuato a occupare l'appartamento al sub 14. Mentre Giuseppe B. avrebbe comprato il sub 16 che sarebbe quello di sopra.

Peccato che Giuseppe B. voglia quello delle Pilliu, e la procedura esecutiva del tribunale abbia già messo all'asta quello dove abitava lui al piano soprastante.

Comunque la Corte dei Conti ha poi condannato in primo grado per altri fatti l'ex custode dell'Agenzia dei beni confiscati alla mafia, il commercialista Luigi Turchio. Per i giudici dovrebbe pagare 445 mila euro allo Stato perché non avrebbe riscosso i canoni di occupazione dagli inquilini, compresa la figlia del "confiscato", cioè Pietro Lo Sicco. E il signor Giuseppe B.? Ora vive in un comune sul litorale fuori Palermo e chiede i danni perché sta facendo avanti e indietro tutti i giorni. Vuole la restituzione pure dei canoni degli ultimi cinque anni.

La moglie del signor Giuseppe B. non deve aver gradito il diniego delle sorelle. Nel giugno del 2018 su Facebook è apparso un post di un tale che dava per morte le due sorelle. La signora dell'appartamento al piano di sopra, che ha perso una casa che aveva dal suo punto di vista regolarmente pagato, ha attaccato così le ex vicine: "Le Pilliu non sono passate a miglior vita ma fanno la bella vita sulla pelle degli altri". E poi: "Confermo e aggiungo pure che comprano gli appartamenti con i soldi dei contribuenti".

Un altro signore è andato molto oltre. Sotto il post

sulla loro morte (involontario e positivo in realtà nei loro confronti) c'era anche un secondo commento ancora più cattivo: "Le signorine Pilliu abitano a gratis ancora oggi un immobile dello scempio del prolungamento di via del Bersagliere e di via dei Leoni. E dicono che indifese persone si sono sempre sentite minacciate... forse. Ma di sicuro non hanno mai detto come hanno sfruttato la situazione a loro favore inviando davanti al loro negozio in via del Bersagliere di cose tipiche sarde ghirlande di fiori, fusti di calce e tutto ciò che le potesse fare apparire perseguitate da atti mafiosi". Davanti a quel "fare apparire" e alle accuse di approfittarsi della situazione, le sorelle hanno querelato.

Il 4 febbraio scorso il pubblico ministero ha fatto la citazione in giudizio per diffamazione. Il processo inizierà il 21 giugno.

Le sorelle Pilliu, intanto, per tutelarsi in caso di sconfitta giudiziaria hanno comprato un altro appartamento. Tutto a posto?

Ovviamente no. Anche in quello pare ci siano problemi urbanistici. Difficile comprare casa a Palermo.

L'ultima beffa: arriva lo Stato e chiede il "pizzo"

In tutta questa storia, con tutti i suoi difetti, lo Stato era dalla parte delle sorelle Pilliu. Magari ogni tanto si prendeva una lunga pausa, come è accaduto quando il Tar ha dato ragione a Lo Sicco o come quando la procura voleva archiviare le denunce delle sorelle o ancora quando le voleva addirittura rinviare a giudizio, ma poi c'era il Gip o la Corte d'Appello che rimetteva le cose a posto.

Insomma, ogni tanto lo Stato si addormentava. Poi però, magari pigramente e con un po' di ritardo, rientrava in campo e si schierava dalla parte giusta. Alla fine le sorelle, talvolta in Appello, hanno sempre vinto le loro battaglie legali davanti ai giudici amministrativi, penali e civili.

Ma arrivati alla conclusione di questa storia, purtroppo, c'è un triste epilogo da raccontare, e forse da cambiare.

Lo Stato infatti stavolta non si è ravveduto, anzi, è piombato come un avvoltoio aggredendo le sorelle Pilliu nel momento di maggior debolezza: l'Agenzia delle entrate di Palermo ha spedito un "avviso di liquidazione dell'imposta" che rappresenta l'ennesima beffa alle "sorelle coraggio" di Palermo. L'atto è minaccioso fin dall'intestazione: "irrogazione di sanzioni". Il direttore provinciale chiede a Maria Rosa Pilliu di pagare ben 22 mila e 842 euro, comprensivi di interessi e spese amministrative.

La ragione è spiegata così: "Imposta dovuta in misura proporzionale al 3 per cento [...] sulla base imponibile di 758.934 euro". Le sorelle Pilliu non hanno ricevuto un'eredità inattesa corrispondente a quella cifra, che potrebbe giustificare la richiesta di tasse in misura fissa percentuale come accade, per esempio, nelle successioni. Lo Stato chiede le tasse del 3 per cento sul valore della causa vinta dalle due sorelle. Solo che, come abbiamo già spiegato, le sorelle Pilliu non hanno visto un euro.

Avrebbero diritto ai 758.934 mila euro, certo. Anzi,

per essere esatti, spetterebbero alle sorelle ancora più soldi se aggiungiamo gli interessi e le spese legali. Loro i danni li hanno subìti, eccome. Danni patrimoniali e non. Però non pagherà Lo Sicco perché lo Stato gli ha confiscato tutto. Ma non pagherà nemmeno l'Agenzia delle entrate perché si è fatta pignorare il palazzo e quindi non ha un euro. Non pagherà alle Pilliu un euro nemmeno la Sicilcassa che aveva erogato quel prestito senza controllare le carte di Lo Sicco. La ricchezza accumulata con la costruzione illegale non andrà a pagare le vittime del costruttore. Quella ricchezza andrà a pagare chi – facendo lecitamente il suo mestiere – si è comprato i "crediti non performanti" della Sicilcassa e gli ha messo il turbo ottenendo una bella performance visto che sta incassando, grazie alle aste degli appartamenti, milioni di euro.

La vicenda è paradossale e profondamente ingiusta: lo Stato, nella persona dell'Agenzia dei beni confiscati alla mafia, titolare della proprietà della Lopedil che trent'anni fa con le sue ruspe ha causato i danni che ormai ben conosciamo alle Pilliu, dovrebbe dare quasi 780 mila euro più interessi alle sorelle. Però non paga. Intanto sempre lo stesso Stato, stavolta con "la giacchetta" dell'Agenzia delle entrate di Palermo, chiede su quei soldi che non paga alle sorelle Pilliu le tasse del 3 per cento! Le sorelle, dopo decenni di cause, quando finalmente pensano di poter ottenere quel che spetta loro, si ritrovano il danno di un risarcimento non incassato, più tutte le spese legali da pagare e lo Stato nella sua veste di esattore che chiede le tasse sul risarcimento negato.

Dopo l'articolo del "Fatto Quotidiano" che denunciava questo scandalo, il senatore Nicola Morra ha tentato di fare qualcosa. Nella sua veste di presidente della Commissione antimafia conosceva la storia delle due sorelle che si erano opposte al costruttore legato alla mafia. Così ha scritto all'allora sottosegretario all'Economia, il collega di partito M5S Alessio Villarosa, per chiedere se si potesse evitare il pagamento di quelle tasse moralmente ingiuste.

Villarosa ha girato la richiesta all'Agenzia delle entrate. Gli ha risposto il direttore in persona, Ernesto Maria Ruffini, un tributarista di fama che conosce le norme. Con dispiacere ha replicato a Villarosa che non si può fare proprio nulla.

Perché la legge non ammette deroghe: chi fa causa deve pagare le tasse anche se non incassa il risarcimento. Anche se ha dovuto agire per tutelare un suo diritto usurpato da un prepotente. "Nel caso di specie, non essendoci un collegamento tra il risarcimento del danno deciso nel giudizio civile e le vicende penali, gli importi sono dovuti," è la spiegazione dell'Agenzia delle entrate, "solidalmente dalla parte civile vittoriosa per effetto della solidarietà passiva prevista dal Tuir, il Testo unico delle imposte sui redditi."

Il meccanismo è lo stesso che scatta per le tasse sulla vendita degli immobili. L'imposta di registro la dovrebbe pagare chi compra. Però se il compratore poi non lo fa, lo Stato colpisce il venditore chiedendo a lui tutte le tasse che non ha pagato il compratore.

Si chiama "solidarietà passiva". Ed è davvero una bella espressione, se ci pensate bene, per descrivere l'ultima beffa di cui sono vittime le sorelle Pilliu: devono pagare 22 mila e 842 euro al posto della Lopedil di Lo Sicco per mostrare "solidarietà". Per l'esattezza, solidarietà passiva.

9.
Solidarietà attiva

A questo punto il libro dovrebbe finire qui. Non tutte le storie hanno un lieto fine, signori, potremmo concludere.

Maria Rosa e Savina Pilliu pagheranno con i loro risparmi le tasse al posto del costruttore Pietro Lo Sicco. Andranno in banca a fare il loro bollettino F24 da sole, come in fondo tante volte sono andate da sole in procura, in prefettura, al Tar e in comune negli ultimi trent'anni.

Certo, stavolta le sorelle cominciano a sentire gli acciacchi degli anni e delle troppe battaglie non sempre vittoriose. Certo, Maria Rosa è malata e Savina deve portarla con sé non avendo nessuno a cui lasciarla. Certo, sono sempre più sole e la vita si farà più dura in futuro. Come tante volte facciamo noi giornalisti, scrittori o documentaristi, potremmo riprendere il nostro cammino, Marco Lillo verso un'altra inchiesta e Pif verso un'altra puntata del *Testimone*. Il nostro dovere di narratori lo abbiamo fatto.

Ma gli autori di questo libro non la pensano così. A

noi piace di più la "solidarietà attiva" rispetto a quella passiva.

Anche perché la morale nelle storie conta. Come riassumereste in poche immagini la storia che vi abbiamo raccontato?

Alla fine la scena madre, quella con la *sliding door* che decide tutto, è la prima. C'è il costruttore nel cantiere davanti alle casette delle sorelle. Tutti hanno trent'anni di meno. Lui ha il giubbotto di pelle e l'aria sparviera quando dice alle sorelle: "Sloggiate di qui ché devo costruire il mio palazzo".

Cosa dovevano fare le sorelle Pilliu? Cedere come hanno fatto tanti? Il costruttore avrebbe apprezzato il gesto di "rispetto" e il film sarebbe cambiato. Magari, come il professor La Manna di cui abbiamo parlato prima, che ha tenuto il punto per un po' ma poi ha ceduto, avrebbero spuntato un buon prezzo. Magari avrebbero avuto un appartamento in permuta, con l'atto registrato e dunque valido.

Invece le sorelle Pilliu non hanno ceduto. Sono andate in procura dal giudice Paolo Borsellino. Dopo averlo sentito parlare alla Biblioteca comunale, forse hanno tenuto duro seguendo anche le sue parole. Rileggiamo quello che il giudice disse negli ultimi giorni della sua vita, quando "perdeva" ore ad ascoltare la storia di Savina e Maria Rosa: "La lotta alla mafia deve essere innanzitutto un movimento culturale che abitui tutti a sentire la bellezza del fresco profumo della libertà che si oppone al puzzo del compromesso morale, dell'indifferenza, della contiguità e quindi della complicità".

Ecco perché questa storia non può finire così. Non ce lo possiamo permettere.

Gli scrittori di favole sanno bene che non sempre è necessario il lieto fine. Però la morale della storia è legata al finale.

Così quando sul "Fatto Quotidiano" nell'agosto del 2010 è uscito un articolo che paragonava la storia delle sorelle Pilliu a una favola, sapevamo bene qual era la morale di quello che sembrava allora il finale. Eravamo al punto della vicenda Pilliu descritto nel capitolo che avete appena letto intitolato *Tutto bene*. In quell'articolo del 2010 si leggeva: "Nelle ultime settimane ci sono state due importanti novità in questa lunga storia. Da un lato i giudici della Corte d'Appello di Palermo, il 21 luglio scorso, hanno confermato il verdetto di primo grado del 2002: il palazzo costruito in piazza Leoni, di fronte al parco della Favorita, dal costruttore Pietro Lo Sicco nel 1992, poi arrestato per mafia nel 1998 e condannato con sentenza definitiva nel 2008, deve essere arretrato di 2,25 metri e quindi abbattuto almeno in parte per rispettare le distanze con la proprietà delle Pilliu. La seconda notizia è che le casupole delle sorelle [...] saranno risanate a spese dello Stato. [...] A piazza Leoni bisognerebbe portare le scolaresche per mostrare quanto è difficile distinguere l'antimafia e la mafia. Da un lato si vede un palazzo grande e bello, costruito nel 1992 dalla Lopedil di Pietro Lo Sicco [...], dall'altro lato ci sono due casette sghembe e diroccate. Le hanno imprigionate in una rete per nascondere una realtà sconcia. Alla scolaresca bisognerebbe infatti chiedere: dove sta la mafia? Tutti punterebbero il dito sulle casette, e allora bisognerebbe spiegare ai piccoli che la mafia è dall'altra parte: nel palazzo illegale ma ricco rimasto in piedi grazie a politici e avvocati. Mentre quelle case abbandonate da tutti sono in realtà la cosa più pulita della città. Poi bisognerebbe cominciare a raccontare questa storia che somiglia a quella del film *Up*, il kolossal d'animazione della Disney-Pixar. In entrambi i casi c'è un costruttore prepotente e un palazzone di cemento che minaccia abitazioni antiche, persone e sentimenti. A Palermo il cemento fa più paura [...], eppure mentre nel film *Up* l'anziano vedovo Carl Fredricksen alla fine abbandona il campo e decolla verso le cascate Paradiso con la forza del sogno e dei palloncini, a Palermo le orfane Pilliu – contro ogni logica – non lasciano le case. E vincono. La Corte d'Appello il 21 luglio ha scritto la parola 'fine' su questo monumento alla prepotenza composto di tre scale e nove piani che profuma di mafia dalle fondamenta al tetto. In ossequio alle nuove norme e a una diversa interpretazione – la parte illegale da abbattere si riduce in Appello da 8 metri a 2,25 metri. Resta però il principio [...] e si parla di un progetto ambizioso: le case distrutte da Lo Sicco potrebbero essere ricostruite e unite a quelle delle Pilliu. Il filare antico risusciterebbe per ospitare i negozi di prodotti tipici delle sorelle, più un presidio dell'Agenzia che organizzi attività antimafia. Per ricordare a tutti che la legge vale anche a Palermo, anche se dall'altra parte c'è lo studio Schifani. E per dimostrare che, anche senza palloncini, le casette talvolta possono volare".

Negli undici anni trascorsi da quando è stato scritto questo articolo sono successe tante brutte cose. Non solo lo Stato non ha ricostruito le casette. Non solo la Lopedil, ormai di proprietà dell'Agenzia dei beni confiscati alla mafia, non pagherà i danni alle Pilliu per quasi 780 mila euro più interessi, ma ora saranno loro, le "sorelle coraggio" che si sono opposte alla mafia, a dover pagare il "pizzo" del 3 per cento allo Stato su quel risarcimento negato.

Nell'articolo in cui paragonavamo la storia delle Pilliu alla favola del cartone Disney-Pixar *Up* ne sottolineavamo il lieto fine e la relativa morale.

Invece oggi, se portassimo una scolaresca in piazza Leoni per mostrare ai bambini il palazzo costruito dall'imprenditore legato alla mafia contrapponendolo alle casette delle eroine antimafia, cosa potremmo dire? Quale morale potrebbe trarre la scolaresca dalla fine che si sta delineando in questa favola nera?

Cosa succede alle due donne che dicono no al costruttore? E alle casette? E al palazzo? E ai suoi inquilini, soprattutto a quelli magari legati al crimine, che succede? Questo si chiederebbero i ragazzi.

E allora, se la risposta fosse: il palazzo resta in piedi, le casette vanno in malora e le sorelle non prendono un euro di risarcimento per i danni subiti, se questa fosse la risposta, che morale ne trarrebbero i ragazzi?

Se l'insegnante in piazza Leoni fosse costretto a dire: "Cari ragazzi, la storia finisce male: lo Stato abbandona le due sorelle e le sbeffeggia chiedendo loro pure 23 mila euro di tasse, mentre vi ricordate quei soggetti arrestati in passato che abitano alcuni appartamenti? Bene, i loro parenti li compreranno all'asta con lo sconto, grazie alla causa pagata dalle sorelle". Ecco, se fosse questo l'epilogo della complicata e a tratti surreale storia delle sorelle Pilliu, cosa sarebbero portati a fare nella loro vita questi ipotetici studenti?

Non sarebbero forse invogliati a scegliere "il puzzo del compromesso morale" scendendo a patti con il Lo Sicco di turno piuttosto che seguire "il fresco profumo della libertà"?

Ecco la ragione per cui, cari lettori, questo è un libro che non racconta una storia ma che vuole cambiarla.

Abbiamo deciso di raccontarvi nel dettaglio l'incredibile odissea delle sorelle Pilliu solo perché non ci piaceva il finale.

A noi non piace la scena delle sorelle che entrano in banca da sole e pagano 22 mila e 842 euro a uno Stato che prima non le ha difese e ora non le considera nemmeno vittime di mafia.

In fondo abbiamo pensato che lo Stato non è solo la prefettura che ha detto no alla loro richiesta di risarcimento. Non è solo quel giudice amministrativo che ha dato ragione a Pietro Lo Sicco nel 1995. Non è nemmeno quell'assessore che ha concesso la licenza a un costruttore sapendo che non ne aveva diritto. Lo Stato alla fine siamo noi. Noi che scriviamo questo libro e voi che lo state leggendo.

Perché questa triste storia potrebbe finire qui, a meno che noi tutti non decidiamo di intervenire e cambiare il finale. Direte voi: ma in che modo? Raggiungendo tre obiettivi.

Il primo: attraverso la vendita di questo libro raccogliere 22 mila e 842 euro, cioè la cifra necessaria per pagare quel famoso 3 per cento dell'Agenzia delle entrate che le sorelle Pilliu sono costrette a versare. E, nell'eventualità che superassimo la somma necessaria, utilizzare il resto in attività antimafia. Ovviamente, noi due autori del libro cediamo in toto i nostri diritti d'autore.

Il secondo: far avere lo status di "vittime di mafia" alle sorelle Pilliu. Naturalmente saranno le autorità a decidere, però è importante che questa storia non sia trattata come una "pratica amministrativa". Per questo bisogna che tutti ci impegniamo per far sì che il maggior numero di persone possibile conosca la loro storia e continui a seguire la loro vicenda.

Il terzo e ultimo obiettivo: ristrutturare le palazzine semidistrutte e concederne l'uso a un'associazione antimafia.

All'inizio del libro vi abbiamo raccontato del figlio di un politico locale palermitano che ha giocato un ruolo in questa storia a favore del costruttore Lo Sicco. Quel ragazzo, come tanti sbruffoni a Palermo, pensava di essere fuori dalle regole. Quelle valevano solo per gli stupidi. Non per lui. Diceva: "Io posso" e nel tono era sottinteso: "E tu no".

Ecco, anche a noi piace molto quella frase. La gridiamo a gran voce ma con un senso opposto. Se lo Stato non fa nulla per le sorelle Pilliu. Se non le considera vittime a cui pagare i danni. Se pretende da loro pure le tasse sui danni suddetti. Se, come scrive il direttore dell'Agenzia delle entrate, lo Stato non può far nulla per loro. Allora vale la pena dire "Io posso". Io posso e tu no, come diceva quel ragazzo. Ma stavolta io posso e tu no perché io sono lo Stato e tu no.

E se hai questo libro in mano, vuol dire che la pensi anche tu come noi.

Indice

7   Introduzione

13   1. Il palazzo e la ciambella

23   2. La telefonata e le sorelle Pilliu

31   3. La famiglia Pilliu

39   4. C'era una volta Spatola

63   5. Borsellino e le casette

71   6. Il giallo dei quattro incontri

111 7. Tutto bene

119 8. Tutto male

143 9. Solidarietà attiva